INA SCHMIDT

EINE LIEBESERKLÄRUNG

Für Nils

Inhalt

5 Was bedeutet uns die Liebe?

15 Liebe ist – ein ziemlich großes Wort

33 Liebe ist – ein einzigartiges Gefühl

53 Liebe ist – ein Tanz der Hormone

69 Liebe ist – immer eine Entscheidung

91 Liebe ist – eine wohlwollende Form der Praxis

109 Liebe ist – ein modernes Versprechen

127 Was lässt die Liebe gelingen?

141 Was am Ende bleibt

142 Weitere Literatur

144 Impressum

Liebe

Was bedeutet uns die Liebe?

»Wie ist die Liebe so ein seltsam Ding. Wie wohnt sie in uns und nimmt Besitz von jedem Fäserlein unseres Körpers. Und hüllt sich ein in unsere Seele und bedeckt sie mit Küssen.«

Paula Modersohn-Becker

So ganz genau kann ich mich nicht erinnern, wann ich das erste Mal über die »Liebe« nachgedacht habe. Als Kind konnte ich manchmal das liebevolle Lächeln meiner Großmutter aus dem Augenwinkel beobachten, wie sie mir beim Spielen im Garten zusah, während sie in ihrem Gemüsebeet kniete. Oder ich erinnere mich an die fast beiläufigen Streicheleinheiten meiner Mutter auf dem Sofa beim gemeinsamen Familienfernsehabend. Ganz leise, aber ein eindeutiges Gefühl von Liebe. Ich habe meine Katze geliebt, mein Zimmer und unser Haus. Später wurde diese fast selbstverständliche Anwesenheit der Liebe eher zu einem sehnsuchtsvollen Fragezeichen: Wie sieht sie aus, die große Liebe? Die kichernden Abende, an denen ich mich mit meinen besten Freundinnen über all die möglichen Traumprinzen ausgetauscht habe, die uns noch begegnen würden, wichen langen Gesprächen mit sehnsuchtsvollen und idealen Vorstellungen von dem, was die Liebe für uns einmal bereithalten sollte. War das der Anfang der Liebe? Seitdem hat es viele, so viele Momente in meinem Leben gegeben, die mit der Liebe zu tun hatten, und immer, wenn ich meinte, sie zumindest ein bisschen verstanden zu haben, zeigte sie sich wieder in einem anderen Licht. Die Liebe zu meinem Mann ist eine andere als die zu meinen Kindern. Die Liebe, die mich mit Freunden verbindet, anders als die zu meinen Eltern, und dann ist da noch die Liebe zum Meer und auch eine Liebe zur Philosophie, die ich zu meinem Beruf gemacht habe. Irgendwie ist sie also weiterhin beständig anwesend, diese Liebe, und doch kann ich sie nicht beliebig beanspruchen oder auf irgendeine Form von Eindeutigkeit hoffen. Als würde man einen Diamanten ins Licht halten und von unterschiedlichen Seiten versuchen, sein Wesen auszumachen. Immer wieder strahlt er in einem anderen Licht, immer wieder wirft er andere Muster an die Wand und funkelt für jeden, der ihn betrachtet, auf seine eigene Weise. Und doch können wir uns über diesen Diamanten austauschen – ihn anderen Menschen zeigen und versuchen, etwas Gemeinsames daran auszumachen.

Denn auch, wenn es vielleicht nicht gelingt, genau auszumachen, was die Liebe ist, wissen wir sehr genau, dass wir sie nicht missen möchten, dass wir ohne sie nicht leben wollten. Ein Leben ohne die Liebe? Wie viel ärmer wäre die Welt an großen Gefühlen, Sehnsüchten, guten Geschichten, Happy Ends, Krisen und gebrochenen, aber auch wieder geheilten Herzen. Odysseus wäre nicht zu seiner Penelope zurückgekehrt. Romeo und Julia wären einsam geblieben, aber vielleicht alt und grau geworden. Jane Austen hätte nicht gewusst, worüber sie schreiben sollte, und im Kino würden nur noch Krimis und Dokumentarfilme laufen. Vielleicht würde es ein wenig ruhiger und vernünftiger zugehen, sachlicher, vielleicht sogar einfacher – aber ganz sicher hätte die Welt etwas von dem verloren, wofür es sich in ihr zu leben lohnt. Und gerade heute in unserer Welt voller Erklärungen, Erkenntnisse und Fortschritte, mitten in all unseren individuellen Freiheiten scheint die Sehnsucht nach der wahren Liebe ungebrochen. Vielleicht ist sie sogar größer denn je, gerade weil wir vor lauter Freiheit manchmal gar nicht mehr wissen, wo wir sie suchen sollen. Wie also fangen wir damit an?

WIE WIR VON DER LIEBE SPRECHEN

Eine erste Möglichkeit, nach ihr zu suchen, ist der Versuch zu verstehen, was eigentlich gemeint ist, wenn wir von der »Liebe« sprechen, wie wir sie denken und was wir von ihr erwarten. Als was zeigt sie sich, wenn ich auf Reisen den morgendlichen Kaffee mit meinem Mann vermisse? Was macht die Liebe mit mir, wenn mir nach dieser Reise meine Tochter in die Arme fliegt? Und was genau liebe ich eigentlich, wenn mir an der Ostsee der Wind um die Nase weht?

Mögliche Antworten auf diese Fragen zu finden und zu überlegen, wie sie zusammenhängen könnten, wird Thema dieses Buches sein. Dass sich für die »Liebe« keine eindeutige, kurze und präzise Definition finden lässt, es keine klaren Liebesregeln zu befolgen gibt und sie sich immer wieder in ein geheimnisvolles Rätsel verwandelt, wenn wir gerade geglaubt haben, nun wirklich alles über sie zu wissen, wird für Sie keine neue Erkenntnis sein. Und doch gilt es am Anfang einmal festzuhalten, dass einer der wichtigsten Wesenszüge der Liebe ihre »Uneindeutigkeit« ist. Diese Einsicht wird uns auf dem Weg durch die folgenden Kapitel begleiten und gleichzeitig zeigen, dass wir die Liebe sehr wohl deuten, aber längst nicht immer erklären können.

In der Liebe geht es um die großen Fragen des Lebens – nicht so sehr um eine Wahrheit, ein »Wesen der Liebe«, das wir zu beschreiben versuchen, sondern um eine Erfahrung, die wir mit all unseren Sinnen machen, die wir deuten und verstehen lernen wollen. Wie die verschiedenen Perspektiven, die wir einnehmen können, um einen Diamanten zu betrachten oder einen ganz schlichten Ostseekiesel, möchte ich die Liebe mit Ihnen von ihren verschiedenen Seiten verstehen lernen. Ist sie ein Gefühl? Ein Tanz der Hormone? Oder vielleicht eher eine Form der

Entscheidung oder eine Lebenspraxis? Diese Fragen stehen am Anfang der einzelnen Abschnitte, die auf ihre jeweils ganz eigene Weise nach der Bedeutsamkeit der Liebe suchen.

DIE PHILOSOPHIE ALS DIE LIEBE ZUR WEISHEIT

Eine Spezialistin für diese Suche nach Bedeutsamkeit ist die Philosophie. Sie selbst bedeutet nichts anderes als die »Liebe zur Weisheit« und sie ist sich selbst klar darüber, dass sie diese Weisheit niemals ganz für sich beanspruchen kann. Weisheit haben wir nicht irgendwann einmal erreicht und »erlernt«. Wir stellen sie immer wieder unter Beweis, indem wir zu unterscheiden lernen, was wir wissen können und was nicht und wie sich dieses Wissen wandelt – im Lauf der Epochen, in der Entwicklung von Kulturen, unter dem Einfluss neuer Techniken und Kommunikationsformen und auch ganz schlicht im Lauf eines Lebens. Wir glauben mit 20 Dinge zu wissen, nach denen wir mit 40 nicht mehr fragen und die uns mit 60 wieder auf ganz neue Weise beschäftigen, genauso wie wir in der Antike Dinge gefragt haben, die heute noch immer aktuell sind, andere Erkenntnisse aber längst überholt sind und verworfen werden konnten. Und so geht es in der Philosophie nicht so sehr darum, zu wissen, was Weisheit ist, sondern uns ihr immer wieder nähern zu wollen, voller Einsicht und Verständnis dafür, dass die darin liegende Unsicherheit nichts zu Überwindendes ist, sondern Teil der eigenen Frage. Zu Philosophieren bedeutet, sich selbst im Denken immer wieder ein eigener Anfang zu sein. Wenn wir also mit der Philosophie nicht so sehr nach der Weisheit forschen wollen, sondern unseren Blick auf die Liebe richten, dann machen wir einen ganz eigenen Anfang und fragen uns zwei Dinge: zum einen, was die Liebe für uns bedeutet, und zum anderen, wie es ihr gelingt, den Dingen Bedeutung zu verleihen. Denn eines verbindet all die unterschiedlichen Formen und Facetten der Liebe: Sie stiftet »Bedeutung«. Das, was wir lieben, fällt aus dem Rahmen und strahlt (ähnlich wie der Diamant) uns aus der Welt der Dinge und Möglichkeiten heraus an. Es wird für uns bedeutsam, weil wir es lieben, aber wir lieben es auch, weil es uns etwas bedeutet. Das klingt ein wenig rätselhaft, aber bei aller Rätselhaftigkeit und Vieldeutigkeit scheinen wir keine großen Probleme zu haben, zu verstehen, was mit der Liebe gemeint ist.

Niemand würde uns fragen, was es heißt, wenn wir jemanden lieben oder es nicht mehr tun. Vielleicht wollen wir wissen, warum Peter sich von Karla getrennt hat oder wo sich Eva und Andreas kennengelernt haben, aber wir müssen nicht nachfragen, was es bedeutet, dass sich Elsa und Christoph verliebt haben oder wie es sein kann, dass Martina ihre Tochter über alles liebt. Wir freuen uns mit oder suchen nach tröstenden Worten. Erklärungsbedarf scheint es hier nicht zu geben. Im Gegenteil: Es gibt sogar recht klare Vorstellungen dafür, wie die Liebe auszusehen hat, dass sie meist rot ist und im weißen Kleid gefeiert werden sollte, wir uns morgens ein Herz auf den Spiegel malen und keinen Totenkopf, wenn wir unseren Liebsten eine kleine Botschaft schicken wollen. Es gibt Symbole, Bilder, sogar klare Normen für das, was Liebe darf und ausmacht und wie wir uns als Liebende verhalten sollten. Aber das hilft dennoch nicht so recht, um zu verstehen, was da eigentlich los ist, wenn wir der Liebe begegnen.

Diese Widersprüchlichkeit zu entschlüsseln, ist Aufgabe einer besonderen Form der »philosophischen Neugier«, die sich im Klären von Begriffen, im Aufspüren von gegebenen Vorstellungen und Denkmustern und im Überprüfen des vermeintlich Selbstverständlichen übt. Ganz im Sinne des französischen Denkers Voltaire, der die Liebe in seinem philosophischen Wörter-

buch als den »gestickten Text der Kultur auf dem Untergrund der Natur« beschreibt.
Und jeder von uns hat seinen Text gestickt, auf dem Untergrund der jeweiligen Kultur und Zeit, in der wir leben. Aber Sie werden sich Ihre eigenen Farben gewählt haben, die Formen und den Faden, den Sie nutzen, um Ihren Text zu sticken. Die folgenden Kapitel sollen eine kleine Hilfestellung sein, diesen Text ein bisschen besser lesen zu lernen und gleichzeitig daran weiterzuschreiben. Sie sind weniger ein Leitfaden, wie Sie schreiben oder sticken lernen, sondern ein möglicher Versuch, der Liebe auf die Spur zu kommen – auch mithilfe der Philosophie und all der mitunter verborgenen Türen und Fenster, die sie durch ihre Fragen an die Welt öffnet. Diese Liebeserklärung bedeutet also ganz und gar nicht, Ihnen die Liebe erklären zu wollen, sondern diesem so besonderen Phänomen menschlicher Zuneigung selbst eine Liebeserklärung zu machen. Angefangen bei Großmüttern und lieb gewordenen Kindheitserinnerungen, über den ersten Kuss und die Sehnsucht nach dem Traumprinzen bis zu der Frage, was die Liebe zum Bleiben ermuntert und wie wir uns für sie entscheiden können – und damit für das, was in dieser Welt für uns von Bedeutung ist.

Liebe ist – ein ziemlich großes Wort

»Es gibt so viele Denkweisen, wie es Köpfe gibt. Folglich gibt es auch so viele Formen der Liebe, wie es Herzen gibt.«

Leo Tolstoi

Haben Sie sich schon mal gefragt, wie viele Gesichter die Liebe haben kann? Sie zeigt sich als wehmütiges Sehnen, als romantische Erwartung, schmerzhaftes Vermissen oder kopflose Leidenschaft – in kleinen Momenten und großen Augenblicken zwischen Liebespaaren, Eltern, Kindern und besten Freunden. Was also hat es mit der Liebe auf sich, wann und wie sprechen wir von ihr? Seit der Antike bis zur digitalen Datingplattform, vom ersten Kuss bis zur goldenen Hochzeit, immer dann, wenn wir ihr begegnen, obwohl wir gar nicht mit ihr gerechnet hatten.

»Schon im Bette drangen sich die Ideen zu Dir, meine Unsterbliche Geliebte, hier und da freudig, dann wieder traurig, vom Schicksale abwartend, ob es uns erhört – leben kann ich entweder nur ganz mit Dir oder gar nicht, ja, ich habe beschlossen, in der Ferne so lange herumzuirren, bis ich in Deine Arme fliegen kann und mich ganz beheimatlich bei Dir nennen kann, meine Seele von Dir umgeben ins Reich der Geister schicken kann.«

Hat eine WhatsApp voller Herzen und Emoji-Küsschen noch irgendetwas mit diesem Brief Beethovens an seine »unsterbliche Geliebte« von 1812 zu tun? Eine Geliebte, von der wir bis heute nicht genau wissen, wer sie war, und eine Liebe, die eher ein unerfülltes und verlangendes Sehnen bleiben sollte.

Wenn wir uns fragen, ob diese Gefühle noch dem ähneln, was wir meinen, wenn wir »Liebe« sagen, was verbindet dann Beethovens Sehnen wohl mit dem, was Odysseus und Penelope über die Liebe wussten? Und wie kommen wir von diesem Wissen nach über zwei Jahrtausenden zu einem Algorithmus, der uns gegenwärtig verspricht, dass man sich alle elf Minuten erfolgreich verlieben kann?

Schwer zu sagen, und wahrscheinlich ist schon die Suche nach einem gemeinsamen Ausgangspunkt, den wir alle anerkennen würden, aussichtslos. Leider – oder auch zum Glück. Denn es gibt so vieles, worüber wir uns in der Liebe unsicher sein können, so vieles, das wir auf die unterschiedlichste Weise lieben können: Gedichte, Gemälde, guten Rotwein, Fußball, Haustiere, unsere Heimat und – andere Menschen. Das tun die meisten von uns oder haben es schon einmal getan. Eigentlich finden wir das sogar ziemlich selbstverständlich, denn genau das streben wir an – in dem, was wir tun. Aber wie genau funktioniert das eigentlich? Und zwar schon in dem Moment, in dem wir versuchen, uns gegenseitig darüber einig zu werden, was wir da eigentlich anstreben.

Über diese Fragen stolpern wir spätestens, wenn wir das erste Mal verliebt sind, wenn Jan und Paula sich gegenüberstehen und plötzlich die Welt stillsteht. Oder wenn Jan nach 17 Jahren noch immer erleichtert lächelt, wenn er Paula in einem Raum voller Menschen entdeckt hat und die Welt dadurch ein bisschen schöner wird. Liebe kann uns wie der Blitz treffen, sie kann die Welt auf den Kopf stellen und alle Regeln außer Kraft setzen. Sie kann das Fundament eines langen gemeinsamen Lebens sein, aber sie kann auch eine der schmerzhaftesten Erfahrungen sein, die wir jemals machen werden.

Warum aber ist das so und wie gehen wir mit dieser Vielfalt um? Manchmal scheinen wir schlicht nicht genug Wörter zu haben, um sie zu benennen. Oder es gelingt einfach nicht, die Liebe sprachlich einzufangen, egal wie viele Wörter uns zur Verfügung stehen mögen, weil sie sich ganz leise dem entzieht, was wir über sie zu sagen versuchen. Der Philosoph Roland Barthes, der 1977 das Buch »Fragmente einer Sprache der Liebe« geschrieben hat, hat die Liebe als eine Form der »Redseligkeit« bezeichnet, die immer wieder versucht, in Form einer beweglichen Unruhe, die Situationen und Begegnungen wie die Variationen eines musikalischen Themas neu in Worte zu fassen.

Bei all dieser Vielfalt lohnt es sich also, die Frage nach dem »Wesen« der Liebe für einen Moment zurückzustellen und zu überlegen, was der Begriff »Liebe« eigentlich bedeutet. Wie wir also von der Liebe sprechen. Die Klaviatur der Liebe bringt so viele Variationen hervor, dass wir uns bei aller Sicherheit, sie in unserem Leben haben zu wollen, sehr schnell unsicher werden, was wir eigentlich meinen, wenn wir von der Liebe sprechen. Wenn wir jemandem unsere Liebe gestehen oder versuchen, uns mit diesem Jemand auf etwas zu einigen, was unsere individuellen Vorstellungen von der Liebe ausmacht.

Machen Sie Fotos von dem, was Sie lieben, und überlegen Sie, welches Bild der Liebe daraus entsteht.

DER BEGRIFF DER LIEBE

Lassen wir also fürs Erste einmal all unser Sehnen und unsere Wünsche an die Liebe beiseite und widmen wir uns allein dem »Begriff«. Das Wort stammt vom mittelhochdeutschen Begriff »liep« ab, das so viel meint wie »Gutes« oder »Angenehmes«. Indogermanisch bedeutet das Wort »leubh« auch »begehren« und geht zurück auf das Wort »lubh«, das schon im Sanskrit dieselbe Bedeutung hatte, wobei das gemeinte Begehren auf sehr unterschiedliche Dinge, aber eben auch Menschen gerichtet sein konnte. Meist sind wir uns einig, wenn wir von der »Liebe« sprechen, dass wir damit eine Art inniger Verbundenheit zu einer Person oder einer Sache meinen. Vielleicht auch eine Tätigkeit, die nicht allein an dem Nutzen oder dem Zweck ausgerichtet ist, den sie für uns bereithält.

Selbst in der ersten Begegnung mit der Liebe zeichnet sich dieser Moment dadurch aus, dass er um seiner selbst willen »bedeutsam« ist. Kein Mensch würde nach so einem Blitzschlag darüber nachdenken, wie es wohl um die gemein-

same Wohnzimmereinrichtung oder Steuererklärung bestellt sein könnte.
Denken wir an Jan und Paula, die in ihrer ersten Begegnung sicher nicht darüber nachgedacht haben, ob dieser Moment ausreicht, um darauf ein ganzes Leben aufzubauen.
Fragen wir einen Soziologen, dann antwortet er vielleicht ganz sachlich: Es geht um eine Form der interaktiven Wertschätzung, also eine Form des Umgangs, der um seiner selbst willen für uns von Bedeutung ist. So ähnlich deutet der Soziologe Niklas Luhmann die Liebe als eine Form der »Kommunikation«, die ein besonders hohes Maß an interaktiver Wertschätzung bereitstellt. Das klingt fast ein wenig zu nüchtern, wenn wir an all die Bilder von »brennender Leidenschaft«, einschlagenden Blitzen oder fliegenden Pfeilen denken. Dennoch bleiben wir in diesem Moment bei diesem Gedanken, denn darin sind einige interessante Fragen versteckt. Begegnet die Liebe uns wie eine rein äußerliche Kraft oder entsteht sie erst in einer Art »Interaktion«, machen wir sie also sozusagen selbst? Oder ist sie weder das eine noch das andere, sondern eher etwas, was wir in uns tragen als eine Art liebevoller »Grundeinstellung«, mit der wir einem anderen Menschen begegnen, und beginnt sie dann von dort aus zu wachsen?

Das lässt sich wohl nicht abschließend klären, aber wichtig ist, sich zu fragen, was wir von dieser Differenzierung halten.
Wir können die Liebe als eine Art »Kraft« erleben, als ein übergeordnetes Phänomen, das große Gefühle in uns auslöst, uns also irgendwie »passiert«. Oder aber als ein Gefühl, das sich einstellt, weil wir uns auf eine bestimmte Art und Weise verhalten – um die Liebe wissend, die ein Teil von uns selbst ist.
Wie ist das nun genau gemeint?

Wie würden Sie die Liebe »erklären« und wem?
Haben Sie eine Lieblingsdefinition?

Kommen wir noch einmal zurück zu Jan und Paula. Wie genau begegnen sie sich? Sie treffen sich vielleicht zufällig in der S-Bahn. Jan kommt gerade vom Flughafen und versucht, seinen großen Koffer durch die engen Gänge zu transportieren. Dabei rempelt er Paula an und bewahrt sie gleichzeitig davor, über den Rucksack ihres Nachbarn zu stolpern. Einen Moment hält er sie an der Schulter, einen besonderen Moment, der ein wenig länger dauert als notwendig. Die beiden müssen lachen und wissen, es ist etwas passiert, ein Anfang von etwas. Was daraus wird, ist nicht klar. Ob in einem solchen Moment bereits die Liebe am Werk ist oder daraus erst Liebe werden kann, vielleicht sogar muss, wird sich zeigen. Aber es tut sich eine Möglichkeit auf, die etwas Besonderes darstellt. Die Liebe kann uns also auf diese Weise begegnen, wie ein »Potenzial«, etwas, aus dem etwas werden kann – mehr oder weniger zwingend.

Die Signale und Zeichen, die wir dazu empfangen, zeigen sich in unserer Gefühlswelt. Aufregung, Verwirrung, sprudelnde Freude, eine körperliche Anziehung – wir alle kennen diese Botschaften, die wir da empfangen.

Aber was geschieht dann?

Auch wenn wir es irgendwie schaffen, uns über dieses geheimnisvolle Phänomen auszutauschen, anderen Menschen unsere Liebe erklären und irgendwann voller Überzeugung sagen können: »Ich liebe dich«, steht dahinter immer die Vorstellung einer besonderen Form von Bedeutsamkeit, die die Erfahrung der Liebe selbst stiftet. Wenn wir lieben, dann dreht sich im wahrsten Sinne die Welt um diese Liebe und schafft von dort aus Strukturen. Wir treffen andere Entscheidungen und sind uns sicher, dass es kein Problem ist, morgen mit Jan in die Berge zu ziehen und mit Paula einen Resthof zu renovieren. All das macht Liebe möglich, ganz egal, ob wir das nun verstehen oder nicht.

DIE LIEBE IN DER GRIECHISCHEN ANTIKE UND DER KUGELMENSCH

Nun könnten wir sagen, dann versuchen wir es doch besser gar nicht erst, uns an der Liebe auf diese Weise abzuarbeiten. Was hilft es uns, in der Liebe über »Begriffe« nachzudenken? Vielleicht gelingt sie am besten, wenn wir sie überhaupt nicht erklären wollen.

Daran mag etwas Wahres sein, und doch scheint es ihr gutzutun, wenn wir die Liebe vielleicht nicht immer erklären, aber doch ein wenig besser verstehen lernen wollen. Dabei hilft es durchaus, sich mit dem zu beschäftigen, wovon wir da »reden«, um uns auch nach fünf Jahren noch mit der Idee wohlzufühlen, unser Liebesleben tatsächlich auf einem alten und einsamen Resthof in den Bergen zu verbringen.

Diese liebevolle Betrachtung, der Wunsch, die Liebe besser verstehen zu wollen, ist ein philosophischer Wunsch. Ein Streben nach ein wenig Weisheit, gerade in Anbetracht einer letzten Rätselhaftigkeit, die wir nicht werden auflösen können. Und da die Philosophen nicht nur die »Liebe zur Weisheit« zu ihrer eigenen Überschrift erklärt haben, sondern sich auch viele Gedanken zu dem gemacht haben, was die Liebe selbst sein könnte, lohnt sich ein kurzer Blick in die philosophische Tradition.

Einer der wichtigsten Denker, der sich in der griechischen Antike mit der Liebe beschäftigte, war Platon. Für ihn war sie nicht weniger als die »Essenz des Menschen« und in einem seiner Dialoge, dem »Symposion« (oder auf Deutsch dem »Gastmahl«) erklärt er, warum.
Platons Dialog berichtet von einem rauschenden Fest, das wahrscheinlich der Tragödiendichter Agathon im Jahre 416 vor Christus in seiner Villa ausrichtete. Einer der Gäste war der Dichter Aristophanes und er versucht, die Liebe anhand einer mythischen Geschichte zu erklären, der Geschichte von den Kugelmenschen.
Diese Menschen seien in grauer Vorzeit in glücklicher Einheit mit jeweils vier Armen und Beinen, zwei Köpfen und zwei Geschlechtsorganen durch die Welt gekugelt und hätten sich so, wie sie waren, überaus wohlgefühlt. Allerdings sei ihnen ihre geglückte Existenz zu Kopf gestiegen und sie hätten den Zorn des Zeus auf sich gezogen. Dessen Schmied Hephaistos habe daraufhin den Auftrag bekommen, die Kugelmenschen in der Mitte entzweizuschlagen.
Ab diesem Moment seien sie dazu verdammt gewesen, ihr Leben damit zu verbringen, nach ihrer zweiten Hälfte zu suchen, um wieder glücklich und ganz sie selbst werden zu können. Nach Aristophanes ist die Liebe somit die Sehnsucht

nach einer verloren gegangenen Vollständigkeit, nach Heilung der Schmerzen, allein entstanden aus der Trennung von dem eigenen Gegenüber. Dieser Vorstellung von der Liebe mag sich der ebenfalls als Gast anwesende Lehrer Platons, Sokrates, nicht recht anschließen. Er ist überzeugt, dass sich die Liebe nicht in der Verbindung von einem Menschen zu einem anderen erschöpfe, sondern darüber hinausweise. Dies geschehe in der Anziehungskraft zum »Guten und Schönen«, die sich in verschiedenen Stufen vom rein sexuellen Begehren bis zur höchsten Form der geistigen Liebe und Seelenverbundenheit zeige. Diese verschiedenen Abstufungen der Liebe machten es auch notwendig, verschiedene Begriffe für das zu finden, was das Wesen dieser verschiedenen Arten zu lieben bestimme.

Platon erläutert diese Formen im Symposion, um deutlich zu machen, dass »Liebe« nicht immer gleich »Liebe« sei.

Ein Gedanke, den wir zwar alle nachvollziehen können, der uns aber durch das ständige Verwenden des einen Wortes »Liebe« doch hin und wieder abhandenkommt.

Neben der Kraft des »Eros«, die das Streben nach dem »Guten und Schönen« in seiner höchsten Form meinte, das aber die körperliche Leidenschaft nicht ausschließen sollte, gab es in der

Antike die »Philia« und die »Agape«, zwei weitere und eigene Formen der Liebe.
Die »Philia« ist im antiken Verständnis das, was wir heute als freundschaftliche Liebe beschreiben würden. Sie ist kein Gegensatz zu einer erotischen Liebe, sondern eine besondere Art, die weniger die zwingenden Leidenschaften als ihren Antrieb kennt, eine »wärmende« Kraft der Sicherheit und der Geborgenheit in der Kenntnis des jeweils anderen. Dieser Form der Liebe hat sich Platons Schüler Aristoteles in seiner »Nikomachischen Ethik« ausführlich gewidmet.
Diesen beiden Formen der Liebe steht die »Agape« zur Seite, eine »Liebe«, die sich einem höheren Zusammenhang der Welt, einer Art sinnstiftender Transzendenz verschreibt. In der Philosophie der Kirchenväter, beispielsweise bei Augustinus, wurde sie später zur »caritas«, also zur göttlichen Liebe als Grundlage jeder Form eines liebevollen Weltverhältnisses.
Sich auf diese möglichen Unterscheidungen zu besinnen, kann sehr hilfreich sein, wenn wir uns in unserem eigenen Streben und Sehnen nach der »großen Liebe« fragen, was wir da eigentlich suchen oder auch schon gefunden haben. Oftmals verzweifeln wir daran, dass all die Vorstellungen und Erwartungen möglicher »Liebeserklärungen« sich in einem einzigen Seh-

nen und Streben nach der einen »großen« Liebe versammeln sollen, aber alles andere als klar ist, was wir damit eigentlich meinen.
Auch Jan und Paula werden nach dem Moment in der S-Bahn noch ganz andere Momente zu bewältigen haben. Es ist die große Frage, ob die hochfliegenden Liebesideale dabei oft nicht das größte Hindernis sind. Denn auch wenn wir die Liebe oft wie eines unserer »Projekte« behandeln, das wir uns vornehmen und »begrifflich« klären können, müssen wir in der Art, wie wir von der Liebe sprechen, auch überlegen, als was sie uns eigentlich begegnet.
Was geschieht, damit Jan und Paula wissen, dass hier und jetzt gerade etwas sehr Außergewöhnliches auf dem Weg ist? Wie also begegnet uns die Liebe? Wie erleben wir sie, gerade dann, wenn sie uns die Sprache verschlägt?

DIE LIEBE ALS »EREIGNIS«

Die jüdische politische Denkerin und Philosophin Hannah Arendt hat die Liebe als ein »Ereignis« beschrieben. Eine Zuschreibung, die deutlich macht, dass die Liebe uns »passiert«– und wir zupacken sollten. Die Liebe als etwas, das uns geschieht – in der S-Bahn, im Urlaub, im Büro oder beim Einkaufen –, das über uns hereinbricht oder sich wie eine warme weiche De-

cke über den Kopf ziehen lässt, wenn es draußen kalt und ungemütlich wird.
Die Liebe ist in diesem Bild ein Geschenk, von wem auch immer. Man mag sie göttlich oder sonst wie nennen und wir können die unterschiedlichsten Begriffe für sie finden, aber wir werden ihr immer ausgeliefert sein. Das allerdings auf die schönste denkbare Weise. Denn die Liebe lässt sich weder begreifen noch festhalten oder gar herstellen, aber wir können ihr die Tür öffnen, wenn sie anklopft.
Wie wir mit diesem Ereignis umgehen, ist für jeden von uns eine eigene Aufgabenstellung. Für die einen eröffnet sie beständige Nähe und Geborgenheit, für die anderen braucht sie eine lange Leine und das Gefühl, sich in Freiheit und immer wieder neu füreinander zu entscheiden. Die einen brauchen getrennte Schlafzimmer, vielleicht eigene Wohnungen, für andere ist genau das der erste Schritt zur Trennung. Es gibt nicht das Rezept und die Methode, um die Begegnung mit der Liebe vorzubereiten, aber es gibt die Möglichkeit, sich selbst und seine Wünsche an die Liebe kennenzulernen.
Liebe ist immer eine Begegnung, die uns berührt, die uns etwas eröffnet, das uns hoffen, sehnen, genießen, aber auch leiden lässt. Allerdings war eine solche Begegnung, ob bei den

alten Griechen, den Kirchenvätern oder auch den späteren Romantikern, niemals ein Erleben von Dauer, kein Zustand, den es, einmal erreicht, beständig zu halten galt. Es waren vielmehr Momente höchster Einigkeit, Innigkeit, die flüchtig und unbeständig waren und das auch immer bleiben sollten.

Auch Hannah Arendt betont, dass wir selbst nicht die »Ursache« der Liebe sein können und damit auch kein Recht auf sie anmelden können, wenn sie sagt: »Nicht wir haben die Liebe, sie hat uns – unser Herz mag vielleicht die Wohnung der Liebe sein, aber es ist nicht ihre Heimat.« Das Einzige, was wir tun können, ist, ihr mit »philosophischer Neugier« und einer guten Portion Geduld zu begegnen, um ihr überhaupt eine »Wohnung« anbieten zu können. Vielleicht bleibt sie dann sogar und dehnt das Ereignis einer ersten Begegnung zu einer lebenslangen Beziehung aus. Von einer Begegnung zur nächsten, einem Tag auf den anderen, manchmal mit ein und demselben Menschen.

DIE VIELEN GESICHTER DER LIEBE

Wie aber zeigt sich die Liebe in all diesen Begegnungen und was davon ist in welcher Liebesbeziehung eigentlich ihr »wahres Gesicht«?

Wie viele Gesichter hat die Liebe in Ihrem Leben? Versuchen Sie, diese Gesichter zu skizzieren.

Das Wunderbare und gleichzeitig kaum Auszuhaltende an der Liebe in einer Welt, die bis ins Letzte erforscht und definiert werden soll, ist die Penetranz, mit der sie uns auf diese Fragen eine eindeutige Antwort verweigert.
So ereignet sie sich gern und oft an Orten und in Momenten, in denen wir nicht mit ihr gerechnet haben. Und so raubt sie uns den Verstand, macht uns kopf- und atemlos – unendlich glücklich und zu Tode betrübt. Aber eben deshalb ist sie es wert, »bedeutsam« zu bleiben, ganz egal, zu welcher Zeit und unter welchen Umständen.
Die israelische Soziologin Eva Illouz ist überzeugt, dass wir das Geheimnis der Liebe niemals werden entschlüsseln können, es aber gleichzeitig das Ende der Liebe bedeuten kann, wenn wir es beständig, hartnäckig und fast mit Gewalt zu lüften versuchen. Denn wenn wir das tun, aus welchen Gründen auch immer, wenn wir der Liebe ihr Geheimnis nehmen, dann bringen wir uns auch selbst um eine Erfahrung, die eben aus einem rätselhaften Stoff gemacht ist und uns mit dem Erleben belohnt, dass es Dinge gibt, die nicht auf die richtigen Worte angewiesen sind – und doch nie ganz ohne sie auskommen.

Sich in diesem Paradox so unglaublich wohlzufühlen, dass es für uns das Schönste auf der Welt bedeuten kann, kann uns auch für andere Geheimnisse und Bedeutsamkeiten wachsamer und offener werden lassen – denen wir manchmal vielleicht einfach nur ihren Reiz lassen können, wenn wir sie mit Worten zu umkreisen und begleiten lernen, ohne sie dabei »festzustellen«. Die Liebe ist nicht mit Worten zu fassen, aber hinter den Worten, die wir für sie finden, ahnen wir ihre Bedeutung und Größe – nicht mehr, aber eben auch nicht weniger.

Am Ende dieser ersten Gedanken: Schreiben Sie einen Liebesbrief – abschicken müssen Sie ihn nicht.

Vor diesem Hintergrund könnten Sie dieses Buch jetzt aus der Hand legen. Denn wie sollten wir der Liebe mit einem Buch jemals auf die Schliche kommen?
Aber dann auch wieder nicht, denn selbst wenn wir niemals herausfinden werden und können, was die Liebe denn nun »ist«, gibt es doch viele Möglichkeiten und wichtige Gedanken zu dem, wie wir die Liebe erfahren, und dazu, wie es sich anfühlt, ihr immer wieder zu begegnen.

Liebe ist – ein einzigartiges Gefühl

»Den Sinn erhält das Leben einzig durch die Liebe. Das heißt: Je mehr wir zu lieben und uns hinzugeben fähig sind, desto sinnvoller wird unser Leben.«

Hermann Hesse

Kaum ein Gefühl kann die Welt so verändern wie die Liebe. Sie färbt sie rosa und knallrot oder lässt sie düster und grau erscheinen, wenn sie sich aus ihr verabschiedet. Aber ist es wirklich ein Gefühl, das wir da beschreiben? Ist die Liebe nicht eher das, was ein Gefühl auslöst? Der notwendige Grund für ein besonderes Gefühlsleben: Wenn aus Blitz und Funkenschlag tiefes Vertrauen wächst, hat sich das Gefühl gewandelt, der Grund ist immer derselbe. Versuchen wir also ganz ernsthaft, der Liebe selbst auf den Grund zu gehen und zu sehen, als was sie sich zeigt.

Wenn Sie versuchen würden, einem Alien vom Mars oder irgendeiner künstlichen Intelligenz aus Bits und Bytes zu erklären, worum es sich bei der Liebe handelt, würden Sie wahrscheinlich sagen, dass es sich dabei um ein Gefühl handelt. Ein besonderes, großes Gefühl, das sich, wie wir bereits wissen, nur sehr schwer erklären lässt. Und es spricht einiges dafür, dass Sie recht haben. In jedem Fall »fühlen« wir die Liebe als etwas, das sich nur schwer jemandem oder etwas vermitteln lässt, der dieses Gefühl nicht kennt. Wenn sich zwei Menschen begegnen und sich verlieben, dann geschieht etwas, das sie nicht gewählt oder angestrebt haben, nichts, wofür sie trainiert hätten oder ausgebildet worden wären, sondern es ist eher so, dass ihnen etwas »zustößt«. Im besten Sinne des Wortes geschieht genau das, was Hannah Arendt als »Ereignis der Liebe« beschrieben hat. Und eben das meldet sich meist als eine gefühlsmäßige Veränderung: eine ungeheure Anziehung, ein zwingendes Gefühl.

WIR BEGEGNEN DER LIEBE

Darin begegnen wir aber eben nicht nur einem anderen Menschen, sondern auch der Liebe selbst. Ist sie dieses Gefühl oder löst sie all diese gefühlten Wirbelstürme eher aus? Was also passiert bei einer solchen Begegnung? »We fall in love« heißt es im Englischen, wir fallen in die Liebe. Und vielleicht ist sie eines der wenigen Phänomene, die zur Erklärung dafür nicht die Erdanziehungskraft bemühen kann, wie Albert Einstein gesagt haben soll: »Sich verlieben ist nicht das Dümmste, was der Mensch tut – die Gravitation kann aber nicht dafür verantwortlich gemacht werden.« »Wo die Liebe hinfällt«, wir stolpern offenbar über etwas, das zu unserem Glück sogar einer der größten Physiker der Neuzeit als keine Dummheit ansieht, selbst wenn sich darin so viel »Unerklärliches« offenbart. Und wenn wir wissen wollen, wo hinein wir da eigentlich fallen beziehungsweise was uns da vor die Füße fällt, dürfen wir auch vonseiten der Naturwissenschaften, zumindest der klassischen Physik, wenig Hilfestellung erwarten.

Haben Sie die Liebe schon einmal als »ein Fallen« erlebt? Und was hat Sie getragen?

Aber vielleicht hilft es weiter, wenn wir uns überlegen, wie wir zu beschreiben versuchen, was in einem solchen Moment mit uns geschieht – nicht nur Aliens oder künstlichen Intelligenzen, sondern auch anderen Menschen, die wir unter Umständen sogar lieben.

Auch in anderen Sprachen hat die Begegnung mit der Liebe etwas mit »fallen« zu tun. Die Franzosen, die sich angeblich ja in Liebesdingen auskennen, nennen es: »tomber amoureux«. Die Liebe zieht uns den Boden unter den Füßen weg. Im Deutschen schlägt eher der Blitz ein, es funkt oder die Welt steht still – vielleicht ganz leise, weil nichts anderes mehr wichtig ist, vielleicht aber auch ganz laut, weil plötzlich der »Himmel voller Geigen« hängt.
Wenn die Liebe irgendwo hinfällt, dann, so scheinen sich aber alle einig zu sein, fällt sie aus dem Rahmen und nichts ist mehr so, wie es war. Auch wir selbst nicht.

»Ich liebe dich«
Bulgarisch: *Obicham te,* **Finnisch:** *Mina rakastan sinua,* **Italienisch:** *Ti amo,* **Russisch:** *Ya lyublyu tebya,* **Spanisch:** *Te quiero,* **Chinesisch:** *Wo ai ni*

LIEBE IST VERÄNDERUNG

Sich zu verlieben, verändert alles, wir werden mutig und redselig oder schüchtern und ungelenk und stolpern durch unsere Sätze, wissen nicht mehr, was wir sagen sollen. Selbst wenn wir nicht sicher sind, ob die Liebe selbst ein

Gefühl ist, Gefühle gelten als die Sprache der Seele und offenbar gibt es in diesen Momenten sehr viel, was die Seele zu sagen hat oder was uns diese seelische Kraft wie selbstverständlich tun und lassen lässt.

Das, was die Seele ist, ist ebenso schwer zu erklären wie die Liebe. Sicher ist, dass wir sie seit der Antike als eine Art Energie beschreiben, die wir spüren und fühlen können. Ein Geist, eine Wärme, Bewegung und messbare elektrische Strömungen, die unseren Körper zu einem lebendigen Organismus machen.

Die Liebe scheint diese organischen Kräfte ordentlich durcheinanderzuwirbeln. Das können wir nicht nur in unserem Inneren fühlen, sondern auch an dem sehen, was wir zu tun imstande sind, wenn wir lieben.

Menschen tun aus Liebe die verrücktesten Dinge – und manches davon gelingt, obwohl es unmöglich scheint. Denken wir an den Resthof in den Bergen, den wir anstandslos gegen unser Loft in der Hamburger Innenstadt eintauschen. Die Geschichte ist voll von solchen Entscheidungen. Britische Könige geben ihren Thron für die Liebe zu einer Frau auf und bürgerliche Frauen ihre Identität, um einem zukünftigen König zur Seite zu stehen. Die Frau eines Whistleblowers geht von jetzt auf nun nach Russland. Der Mann

einer berühmten Schriftstellerin verbringt sein Leben damit, sie vom Selbstmord abzuhalten, am Ende ohne Erfolg, wie die Geschichte von Virginia und Leonard Woolf zeigt.
Manche große Liebesgeschichte endet nicht nur bei Shakespeare mit dem Tod. Manche Liebende sterben aufgrund einer unerwiderten Liebe, wie wir spätestens seit Goethe und den Leiden seines jungen Werther wissen. Und so manche ganz reale Liebesgeschichte hat auch ein fast unwirkliches Happy End, wie die Geschichte von Brian und Jelena. Der britische Pilot Brian Grover fliegt 1938 mit einem Flugzeug nach Russland, um seine Frau Jelena nach fünf Jahren Trennung wiederzusehen. Etwa 100 Kilometer vor Moskau geht ihm der Treibstoff aus. Er überlebt den Absturz, wird jedoch von der Polizei aufgegriffen, aber nach wenigen Wochen wieder aus der Haft entlassen, um endlich seine Frau wiederzusehen. Jelena und Brian waren seitdem unzertrennlich. Eine Geschichte wie aus einem Märchen oder einem Hollywoodfilm. Genau deshalb wird dieses Thema niemals an Aktualität verlieren. Immer wieder bietet es eine Antwort auf die menschliche Sehnsucht nach der großen und unzerstörbaren Liebe – ganz egal, ob in England, Frankreich, in der Antike, bei Goethe oder im 21. Jahrhundert.

DAS GEFÜHL DER LIEBE

Das, was für diese besondere Form der energetischen »Verbindung« sorgt, für die Eindeutigkeit und die Kraft, die von ihr ausgeht, ist also vermeintlich das »Gefühl« der Liebe.

Aber ist es das wirklich?

Natürlich stimmen wir sofort zu, wenn wir darüber nachdenken, wie wir die Liebe erleben – mit all unseren Sinnen. Wir sehen den anderen von außen und verstehen ihn als ganze Person. Wir hören die geliebte Stimme, riechen, fühlen und spüren den geliebten Menschen, berühren ihn und können uns manchmal sogar ganz in ihn hineinversetzen, in dieses »große« Gefühl der innigen Verbundenheit.

Diese Verbundenheit, die nicht nur als erotische Anziehungskraft oder als sexuelle Leidenschaft deutlich wird, sondern als ein viel umfassenderes Gefühl, das uns auch dann noch trägt, wenn wir an der Supermarktkasse stehen oder vom Flughafen abgeholt werden.

Aber gehen wir noch einmal in uns und fragen etwas genauer nach:

Ist es das Gefühl, das wir als »Ereignis« wahrnehmen? Oder sind all die Gefühle von den Schmetterlingen im Bauch bis hin zu dem Gefühl, auf rosaroten Wolken zu gehen, eher die Folge des Ereignisses, das wir »Liebe« nennen?

Überlegen Sie kurz: Ist die Liebe ein Gefühl, dem wir nachjagen? Ist es ein Gefühl, das in uns wächst, ausgelöst durch eine Begegnung? Oder liegt die Liebe diesen Gefühlen zugrunde und ereignet sich ständig, egal, was wir mit ihr anstellen?

ÄHNLICHKEIT STIFTET LIEBE

Die gegenwärtige und sehr präsente Kultur von Datingportalen und Partnerbörsen suggeriert, dass es Bedingungen gibt, die wir schaffen müssen, um der Liebe auf die Sprünge zu helfen. Ähnlichkeit ist das Schlüsselwort, das für die bestmöglichen Bedingungen wahrer Liebe sorgen soll. Wir füllen Fragebögen aus und dann wird auf der Basis dieser Informationen ein Gegenüber ausgewählt, in das wir uns mit grosserer Wahrscheinlichkeit verlieben könnten. Das Wichtigste darin scheint die Übereinstimmung der angegebenen Vorlieben und Fähigkeiten zu sein. Die Ähnlichkeit, die sich vielleicht ergibt, wenn wir eine gemeinsame Zukunft planen, und unser Herz, das vor Freude hüpft, weil er gerade den gleichen Gedanken hatte, den ich soeben aussprechen wollte. Allerdings kommt gerade in dieser modernen Form der akribischen Planung von Übereinstimmungen etwas hinzu, was nicht immer ganz einfach auszuhalten ist.

Denn selbst wenn Interessen und Vorlieben prima zusammenzupassen scheinen, haben wir noch ein paar Vorstellungen, die einfach nur die äußeren Merkmale von Mr. und Mrs. Right betreffen. Und da hat die Ähnlichkeit ziemlich wenig auszurichten.

Angeblich haben Frauen deutlich höhere Chancen, das Interesse eines Mannes auf sich zu ziehen, wenn sie große Augen, kleine Nasen, hohe Wangenknochen und ein Taille-Hüfte-Verhältnis von 0,7 haben. Bei Männern sind es eher weit auseinanderliegende Augen, ein kantiges Kinn, ein breites Lächeln und ein Verhältnis von Taille und Hüfte im Verhältnis von 0,9.

> Würden Sie im Internet nach der großen Liebe suchen? Warum beziehungsweise warum nicht?

Aber halt – was haben denn diese Daten und Zahlen damit zu tun, dass wir von einem Gefühl umgehauen werden? Kann das funktionieren? Hätte Romeo seine Julia wirklich anhand dieser Merkmale auch auf »tinder« gefunden und sich auf den Kampf um sie eingelassen? Gerade wenn wir uns vor Augen halten, dass die Liebe schon seit vielen Jahrtausenden zu funktionieren scheint? Lange bevor es Menschen überhaupt in den Sinn kam, Fragebögen auszufüllen oder über ein Taille-Hüfte-Verhältnis nachzudenken. Zumal sich dessen Bewertung ohnehin ständig zu wandeln scheint, wenn wir an die üppig-fülligen Frauen denken, von denen Rubens auf seinen Gemälden träumte.

KÖNNEN WIR EIN GEFÜHL ERZEUGEN?

Die Frage, ob die Erhebung von Daten und Fakten über körperliche Merkmale und das Ausloten von möglichen Ähnlichkeiten die Begegnung mit der Liebe wahrscheinlicher macht, lautet denn auch voller Überzeugung: ja und nein. Denn wie auch in anderen Zusammenhängen, in denen wir uns ein bestimmtes Gefühl (und in diesem Moment gehen wir einfach noch davon aus, dass es sich bei der Liebe um ein Gefühl handelt) wünschen, können wir etwas für die Bedingungen tun, um uns so oder so zu fühlen. Wenn wir uns auf etwas freuen wollen, dann planen wir vielleicht eine Kurzreise nach Amsterdam, weil wir da immer schon mal hinwollten. Oder wir laden unsere beste Freundin zum Essen ein oder kaufen uns selbst einen großen Blumenstrauß. Wenn wir Aufregung suchen, fahren wir Achterbahn oder Motorrad. Und wenn wir an den Ort unserer Kindheit zurückkehren, werden wir vielleicht melancholisch. Viele Dinge, die wir planen, organisieren oder uns vornehmen,

haben – nicht nur, aber auch – einen bestimmten Gefühlszustand zum Ziel und sofern wir uns einigermaßen gut kennen, kann es auch ganz gut klappen, ihn zu erreichen.
Wollen wir uns also gesehen, anerkannt, verstanden und vielleicht sogar geliebt fühlen, dann ist es ratsam, uns nicht mit jemandem zusammenzutun, der unsere Vorliebe für die Berge anstrengend, Bücher langweilig und Lammbraten widerlich findet. Das leuchtet zwar unmittelbar ein, ist aber nicht der Beginn eines »Liebesrezepts«. Denn selbst solche Gegensätze können in der Liebe erstaunlich gut funktionieren oder sogar ihr Geheimnis ausmachen.
Es scheint also grundsätzlich etwas komplizierter zu sein. Und, ehrlich, was wäre langweiliger, als zu wissen, dass sich mein Gegenüber gerade in mein »Taille-Hüfte-Verhältnis« verknallt hat, wir uns von nun an permanent einig sein wollen und vor lauter Ähnlichkeit nicht mehr wissen, wie die Liebe am Leben bleiben soll?
Aber wie wir es auch anstellen, ob wir auf Ähnlichkeit und Gemeinsamkeiten aus sind oder eher das Neue, Andere und Aufregende suchen, um der Liebe zu begegnen: Was wir von uns in die Welt hinaustragen, wie wir uns als die beste Version unserer selbst präsentieren oder auch nicht, ist immer nur eine Seite der Medaille.

Das, was davon beim anderen ankommt, eine ganz andere – und ebendas liegt nicht in unserer Hand. Manchmal sind es gerade unsere vermeintlichen Schwächen, unsere krumme Nase und die kurzen Beine oder die ständige Vergesslichkeit, die uns für den anderen besonders und unverwechselbar machen, auch wenn wir das so gar nicht glauben wollen.
Wieder kommen wir also zu der Einsicht, dass es Bedingungen, Anlässe und Eckdaten geben kann, die die Liebe beflügeln, die selbst aber nur der Anlass sein können und die Liebe eben nicht selbst bestimmen. Kommen wir also noch einmal zu der Frage, ob wir es bei der Liebe mit einem Gefühl zu tun haben oder vielleicht doch eher mit einer Art Auslöser für unsere Gefühle.

IST LIEBE DER GRUND FÜR UNSERE GEFÜHLE?

Was meinen wir, wenn wir sagen, die Liebe sei der Auslöser oder der Grund für unsere Gefühle? Dann sprechen wir davon, dass die Liebe eine ganz eigene Qualität, ein eigenes Phänomen bedeutet, das uns in einen Zustand versetzt, den wir auf sehr unterschiedliche Weise zu erleben imstande sind. Am Anfang als rauschendes Gefühl der Verliebtheit, als neuen Blick auf die Welt oder als Ausnahmezustand, nach einiger Zeit aber auch als Stabilität, Vertrauen und Geborgenheit. Vielleicht würden Sie sogar sagen, dass wir erst dann von »Liebe« sprechen können und wollen, wenn die rosarote Phase des Verliebtseins zumindest so weit vorüber ist, dass wir wirklich wissen, welchen Zustand die Liebe uns ermöglicht und ob dieser Zustand trägt. Von dieser Warte aus wird die Liebe vielleicht sogar weniger zum Auslöser für ein Gefühl, sondern zum Synonym für eine Art »Gefühlszustand«, der sich offenbar wandelt und verändert, aber nicht verschwindet.

Denn schließlich erwarten wir ja beziehungsweise halten es für möglich, dass die Liebe sich nicht nur als flüchtiges Gefühl großer Leidenschaften kurz bei uns niederlässt und dann wieder verschwindet.

Das aber ist es, was wir sonst in unserer Gefühlswelt erleben. Wenn wir uns über ein besonders aufmerksames Geschenk freuen, über einen Witz lachen, das Gefühl haben, dass wir falsch abgebogen sind, machen wir jede Menge sinnliche Erfahrungen. Sie halten aber nicht lange an und sind immer von dem Kontext abhängig, in dem wir das Gefühl erleben. Auch wenn wir traurig oder wütend sind, empfinden wir es als selbstverständlich, dass wir Gefühle beschreiben, die wieder verschwinden, wenn sich die Umstände

ändern, wir wieder auf dem richtigen Weg sind oder die Trauer nachlässt.
Niemals würden wir davon ausgehen, dass wir es hier mit einem Gefühl zu tun haben, auf das wir uns verlassen oder in dem wir uns beständig einrichten könnten. Vielleicht haben wir bei der Traurigkeit noch am ehesten Sorge, dass sie nicht wieder verschwindet, und doch gehen wir davon aus, dass die Zeit fast alle Wunden heilen kann. Die Liebe aber soll »bleiben«, auch wenn wir immer wieder die Erfahrung machen, dass das nicht so ist. In dem Fall retten wir uns regelmäßig mit der Erklärung, dass er oder sie dann doch nicht der oder die Richtige war oder auch irgendetwas anderes falsch gelaufen ist.
»Wahre Liebe« sollte doch das Zeug haben, mindestens ewig zu dauern. Aber können wir so etwas wie ein Gefühl überhaupt einfordern? Können wir ernsthaft daran glauben, dass wir das Gefühl der Liebe »feststellen« können, auch wenn offenbar alle anderen Gefühle dafür bestimmt sind, sich zu verflüchtigen?
Nun könnte man einwenden, das »Gefühl« der Liebe müsse ja nicht beständig bleiben, aber es könnte sich vielleicht beständig erneuern. Das ist eine Möglichkeit, die aber deutlich macht, dass wir offenbar doch etwas dafür tun können, aber auch müssen, um diesen Erneuerungsprozess

am Laufen zu halten. Wenn wir das »Gefühl« haben, jemanden wirklich und wahrhaftig zu lieben, empfinden wir eine Gewissheit, dass die Verbundenheit, die wir erleben, gerade nichts Flüchtiges, keine Laune oder ein Moment ist, in dem alles zusammenpasst, sondern eine Verbundenheit, die über die Gegenwart hinausreicht. Denn wir möchten sie in einer Zukunft, die wir uns vorstellen wollen, nicht missen und glauben, dass diese Liebe die Zukunft bestimmen und auch aushalten kann, in all der Ungewissheit, die das Nachdenken über die Zukunft auch zwangsläufig mit sich bringt.

DIE NOTWENDIGKEIT DER LIEBE

Wenn wir also vor dem Hintergrund dieses Gedankens sagen: »Ich liebe dich«, dann meinen wir damit sehr viel mehr als nur die Beschreibung eines Gefühls. Wir erleben etwas, das wir zu einem gemeinsamen Zustand erklären wollen, mit dem bestimmte Erwartungen an das verbunden sind, was es für die Zukunft bedeuten sollte. Das kann sehr unterschiedlich ausfallen, aber es geht in jeder Form des Schwelgens, Planens, Sinnens und Sehnens über den Moment hinaus. Der amerikanische Philosoph Harry G. Frankfurt führt hier einen weiteren wichtigen Gedanken an, wenn er erklärt, dass die Liebe weniger etwas mit Leidenschaften, sondern vielmehr etwas mit dem menschlichen Vermögen des »Sichsorgens« zu tun habe. Das klingt für unsere Ohren etwas seltsam, da wir gerade noch von rauschender Verliebtheit und rosaroten Brillen geträumt haben und uns nun vorstellen sollen, dass es letztlich die »Sorge« um den anderen sein soll, die uns zusammenhält. Daher hat Frankfurt dieses Bild auch weniger an der romantischen oder erotischen Liebe erläutert (obwohl es hier ebenso darauf ankommt), sondern an der Liebe von Eltern zu ihren Kindern. Vielleicht haben wir es hier tatsächlich mit einer Liebe zu tun, die am wenigsten von Erwartungen und Bedingungen verstellt ist, sondern liebt, weil sie liebt. Vom ersten Moment an, durch übermüdete Nächte hindurch und immer noch, wenn wir unsere 17-jährigen Söhne nachts um zwei von irgendwelchen Hausdächern runterholen müssen.

Wie unterscheidet sich das Gefühl der Liebe zu Ihrem Partner von dem Gefühl der Liebe zu Ihren Kindern oder zu Ihren Eltern?

Frankfurt hat in seinem Buch über »Die Gründe der Liebe« geschrieben, die Liebe sei in diesem Sinne eine besondere Form der Notwendigkeit. Wenn wir lieben, dann können wir nicht anders.

Das macht uns nicht unfrei oder beschränkt, sondern gibt uns und unserem Leben einen Sinn und befreit uns von der Gleichgültigkeit einer allzu großen Freiheit, die sich nicht festlegen kann. Diese Notwendigkeit, »mit der die Liebe den Willen fesselt«, so Frankfurt, »beendet die Unentschlossenheit der Frage, worauf sich unsere Sorge richten soll«.

Mit anderen Worten befreit uns die Liebe davon, ständig im Modus des Möglichen unterwegs zu sein und nicht zu wissen, ob und wie wir uns entscheiden sollen. Frankfurt sagt weiter: »Die Tatsache, dass wir nicht anders können, als zu lieben, und dementsprechend auch nicht anders können, als durch die Interessen des durch uns geliebten Wesens geleitet zu werden, stellt sicher, dass wir weder ziellos herumirren noch uns zurückhalten, wenn es darum geht, mit fester Bestimmtheit einem bedeutungsvollen praktischen Kurs zu folgen.«

Diese Form einer gefühlten Notwendigkeit ist das wichtigste Indiz dafür, wie wir mit der Liebe umgehen wollen, wenn sie uns begegnet. Denn sie hat etwas Zwingendes, aber sie fordert dennoch, dass wir uns zu ihr verhalten. Ähnlich der Idee des griechischen Dämons Eros so ist auch die Liebe ein »Zwischending«, eine Mittlerin, die zwischen der Natur und dem Geist des Menschen für die schönste Form des Miteinanders sorgen kann. Eva Illouz, von der wir bereits gehört haben, beschreibt die Liebe als ein »Gefühl, das im Geist entsteht«. Damit ist sie nicht allein ein »Ereignis« oder eine kopflose Notwendigkeit, sondern auch ein Stück weit unsere eigene Erfindung, die unserer geistigen Deutung vor dem Hintergrund der »Sorge« um jemanden oder etwas entspringt. Geist und Körper lassen sich in der Liebe nicht trennen. Was wir an Emotionen und Gefühlen darin zum Ausdruck bringen, schafft eine individuelle Form der Wirklichkeit. Die Liebe lässt uns die Welt also tatsächlich mit anderen Augen sehen. Sie macht sie zu etwas anderem und lässt uns diese Veränderung mit all unseren Sinnen spüren.

Drei Fragen an Ihr Liebesleben:
Wie oder wo erleben Sie die Liebe als »zwingend«?
Was tun Sie aus Liebe, ohne darüber nachzudenken, und wie würden Sie es sonst tun?
Glauben Sie, dass sich »Liebe« auch anders anfühlen könnte und fragen Sie Ihren Partner?

Um diese Erfahrung aber wirklich erleben und fühlen zu können, brauchen wir eine besondere Offenheit von Seele und Geist, mit der wir der Liebe begegnen. Eine Form der »wohlwollenden

Neugier«, die sicherstellt, dass wir das Ereignis der Liebe nicht verpassen, das eine große Auswahl an großen und kleinen, dauerhaften und flüchtigen, leidenschaftlichen und ganz alltäglichen Gefühlen bereithält, die sich aus der Besonderheit einer notwendigen Liebe ergeben.
Und diese Notwendigkeit erstreckt sich so weit, dass sie uns nicht nur an einen einzelnen Menschen oder eine liebevolle Zeit bindet, sondern sie ist das, warum wir uns überhaupt in der Welt einrichten können. Sie ist das Gefühl, was der Welt ihren Wert gibt.
Die vor Kurzem gestorbene Denkerin und Essayistin Silvia Bovenschen hat in einem ihrer letzten Interviews gesagt, dass sie in ihrer langjährigen Beschäftigung mit der Liebe viele Einsichten in das Wesen der Liebe gewonnen habe, aber eines sei ihr in den letzten Jahren besonders klar geworden: »Die Liebe mag vieles sein, gewiss, sie ist ein Glück für den Einzelnen, aber sie ist auch eine Falle – und sie ist ein Trick. Wenn es die Liebe nicht gäbe, dann bestünde die Welt aus Fressen und Gefressenwerden, aus Hauen und Stechen. Dann wäre sie uns gerade scheißegal! Wenn wir aber die Erfahrung der Liebe machen, dann bindet uns das an diese Welt. Ich brauche keine Literaturpreise mehr in meinem Leben. Was mich in dieser Welt hält, das ist die Liebe.«

Liebe ist – ein Tanz der Hormone

»Halte das Herz an der Leine/Das ist vernünftig, mein Sohn!/(Aber, ganz ehrlich: das meine/lief mir noch immer davon).«

Mascha Kaléko

Die Liebe verdreht uns nicht nur den Kopf, sondern den ganzen Körper. Wir spüren sie überall und tun die seltsamsten Dinge.
Dabei spielen unsere Hormone eine Schlüsselrolle. Sie lösen chemische Reaktionen aus, lassen uns »Glücksgefühle« erleben und unseren Blick auf einen einzigen Menschen verengen: den geliebten Nabel der Welt. Ist die Liebe also nichts als ein Tanz der Hormone, der dazu dient, unsere Art zu erhalten und uns fortzupflanzen? Zugegeben, Sex lässt sich biologisch als sinnvoll erklären, warum dabei Liebe im Spiel sein sollte, aber nicht. Vielleicht gibt es also doch noch gute Gründe, um an die Liebe zu glauben, die mehr ist als reine Chemie.

Fragen wir auf der Suche nach einer »Erklärung« der Liebe einen Biologen oder evolutionären Psychologen, dann werden wir wahrscheinlich ebenfalls die Antwort bekommen, dass die Liebe etwas »Zwingendes« oder »Notwendiges« an sich habe. Dieses Mal aber eher aus Gründen, die sich unserem Geist entziehen, weil sie von körperlichen Prozessen gesteuert werden, die uns zum Spielball von biochemischen Cocktails machen und uns zwingen, im Takt unserer wild gewordenen Hormone zu tanzen. Einige von diesen biochemischen Botenstoffen kennen wir, da ist die Rede von Testosteron und Östradiolen, die den Hormonspiegel von Männern und Frauen maßgeblich unterscheiden. Aber gerade wenn es um den Zustand der Verliebtheit geht, kommen offenbar jede Menge andere Botenstoffe ins Spiel, wie Adrenalin, Dopamin, Serotonin, Oxytocin und vor allem Phenylethylamin. Was solche biologischen und chemischen Prozesse nahelegen könnten, ist, dass die Liebe ein organisches Schauspiel ist. In ihm haben wir zwar eine Hauptrolle, aber es hat nur den An schein, als hätten wir irgendeinen Einfluss darauf, was wir tun und wie wir handeln. Die Liebe ist hier weniger als Gefühl, sondern eher als eine Art zwingender Trieb zu verstehen. Und dieser beschreibt eigentlich nichts anderes als den

Was geschieht mit Ihnen, wenn Sie »lieben« und wenn Sie »geliebt« werden?

Verliebt zu sein, reduziert die Welt auf den geliebten Menschen. Auf die Rückfrage, ob sie für diesen Menschen sterben würden, antworten viele Verliebte so selbstverständlich mit ja, als hätte sie jemand gebeten, ihnen das Salz zu reichen – wie die US-Anthropologin Helen Fisher aus ihren Untersuchungen berichtet. Fisher erforscht seit über 30 Jahren das Phänomen der romantischen Liebe. Sie ist der Überzeugung, dass diese Form der Liebe tatsächlich weniger ein Gefühl ist als vielmehr ein triebhaftes Begehren, »a drive«, wie es im Englischen heißt. Zusammengesetzt aus sexueller Attraktion oder Lust, aus dem Wunsch nach einer emotionalen Verbindung und der Sehnsucht nach Geborgenheit und Halt. Die Biologie würde die biologische Notwendigkeit der Selbsterhaltung ergänzen. Schließlich würden wir ohne jede sexuelle Attraktion ziemlich bald als Gattung von der Welt verschwinden. Also muss die Natur dafür sorgen, dass wir die platonische Sehnsucht der Kugelmenschen nach »Verschmelzung« mit unserer anderen Hälfte eben auch dafür nutzen, um Familien zu gründen und darin eines der wichtigsten Ergebnisse einer gelingenden Liebe zu sehen. Aber – und das ist das wirklich Interessante – es mag eine Menge guter biologischer Gründe für Lust und sexuelles Begehren geben, aber es gibt keine biologische Notwendigkeit dafür, dass dabei so etwas wie »Liebe« im Spiel sein müsste. Denn dieses Begehren, dieser »drive«, den Helen Fisher beschreibt, ist eben nicht nur ein kopfloses Getriebensein auf der Suche nach dem bestmöglichen Fortpflanzungspartner. Es ist eine existenzielle Sehnsucht, die grundlegend ist für eine Welt, in der wir leben wollen. »A world without love is a deadly place«, sagt die Anthropologin so auch voller Überzeugung (Helen Fisher, TED Talk, 2006). Ein Platz also, an dem eine wichtige Qualität menschlicher Lebendigkeit abhandengekommen wäre, die auch dann Bestand hat, wenn die Hormone sich so langsam wieder beruhigt haben und längst für ausreichend Nachkommen gesorgt ist.

LIEBE IST VIEL MEHR ALS SEX

In diesem Moment können wir also ein wenig aufatmen. Denn auch wenn es erst einmal so aussehen kann, als würde die Liebe in einem bestimmten Stadium auf rein körperliche Prozesse und biologische Ziele ausgerichtet sein, so scheint dieses »Außersichsein« doch zumindest der Beginn einer besonderen Qualität zu sein,

die die Welt um vieles bereichert – Drogenrausch hin oder her.
So wenig wir alle das Gefühl von »Wolke 7« missen möchten, so gut wissen wir, dass sich das Leben von dort oben nicht komplett organisieren lässt und dass dieses chemische Chaos nicht das Einzige ist, was die Liebe auszulösen imstande ist. Wenn wir uns an Platon und die Kraft des »Eros« erinnern, gilt es vielleicht sogar, diesen Rausch zu überwinden, um die eigentlichen oder zumindest auch die anderen Qualitäten der Liebe erfahren zu können. Denken wir noch einmal an die anderen Formen des »Liebens«, die uns durchaus zugestehen, im Vollbesitz unserer geistigen Kräfte zu bleiben – wie gute Freundschaften, die Liebe zu bestimmten Dingen oder die im besten Fall »notwendige« Liebe von Eltern zu ihren Kindern.
Allerdings geht es auch hier nicht ohne besondere hormonelle Eigenarten. Gerade in der letztgenannten Form der Liebe zwischen Eltern und Kindern spielt auch das Bindungshormon Oxytocin eine tragende Rolle. Zumindest soll es dabei helfen, ein gutes Fundament für das zu legen, was die Liebe zwischen Eltern und Kindern so alles durchzustehen hat. Es ist der Stoff, der schon direkt nach der Geburt bei Mutter und Kind zu einer besonderen Bindung führt und

das Gefühl von Geborgenheit, Schutz und Vertrautheit schafft. Diese Form der »zwingenden« Liebe ist also ebenso begleitet von körperlichen und hormonellen Prozessen. Allerdings ziehen diese andere Auswirkungen und »Gefühlszustände« nach sich und versetzen auch das Belohnungszentrum im Laufe der ersten 18 Jahre etwas weniger oft in Schwingungen, als es der Rausch des Verliebtseins vermag.

DER GEIST DER LIEBE

Aber kommen wir an dieser Stelle noch einmal zu der Überlegung zurück, inwieweit wir in der Liebe noch »Herr oder Herrscherin im eigenen Haus« sein können. Und zu der Frage, was wir tun können, wenn uns der Hormoncocktail irgendwann nicht mehr automatisch auf Wolken gehen lässt. Denn wollen wir das eigentlich wirklich? Unabhängig davon, dass es nicht gelingen wird, wer wären wir als »Liebende«? Durch die hormonellen Reaktionen unseres verliebten Körpers leicht verwirrte und derangierte Individuen, die nicht mehr recht in der Lage sind, sich – mit Kant ausgedrückt – ihres Verstandes ohne fremder Hilfe zu bedienen?

Eine interessante Frage. Und wohin auch immer unser Selbst in diesem Zustand des verliebten Außersichseins einen Ausflug macht – es bleibt

ein Ausflug, von dem es ganz im Sinne einer gelingenden Liebe weiterzureisen gilt.
Wie würde die Alternative aussehen? Bleiben wir bei der Idee, dass es doch dieser rauschhafte Zustand des Verliebtseins ist, den wir alle bei unserem idealen Bild einer romantischen Liebe vor Augen haben. Dass es ebendieser Rausch ist, den wir sehnsüchtig anhimmeln und doch so schwer halten können. Wenn er tatsächlich ein hormonelles Fest bedeutet, das wir ständig weiterfeiern wollen, dann sollte es doch Möglichkeiten geben, ihn auch auf anderen Wegen herzustellen oder zumindest zu verlängern. Könnten wir nicht durch die Einnahme von Hormonen nach Belieben körperliche Reaktionen erzeugen und uns so auch nach der Phase der großen Verliebtheit zu garantiert guten Ehepartnern entwickeln? Das wäre dann ganz sicher nicht mehr die »sorgende Notwendigkeit« der Liebe, wie wir sie im letzten Kapitel kennengelernt haben.
Sie mögen schmunzeln, aber dieser Gedanke ist – zumindest praktisch – umsetzbar. Nehmen wir zum Beispiel das Hormon Oxytocin, das sich auch als Nasenspray verabreichen lässt. Damit – so ein Vorschlag des Bioethikers Julian Savulescu von der Universität Oxford – würde vielleicht tatsächlich so manche langlebige Beziehung ermöglicht, die die nächste Langeweile oder

Krise ansonsten kaum überstehen würde. In anderen Fällen, wie etwa einer Behandlung mit dem Botenstoff Serotonin, könnte krankhafte Eifersucht gelindert und damit zumindest für eine gesunde Liebesfähigkeit gesorgt werden. Das klingt vielleicht wie eine Bereicherung, eine gute Idee, und bei neurologischen oder ernst zu nehmenden Stoffwechselstörungen ist eine Hormonbehandlung zweifellos eine wertvolle Möglichkeit. Aber wollen wir unsere Ehe wirklich durch ein Nasenspray absichern? Und wie genau fühlt es sich an, wenn unser Ehepartner jeden Morgen eine Portion Oxytocin braucht, um bei uns bleiben zu wollen?

Wenn Sie die Möglichkeit hätten,
würden Sie »Liebeshormone« nehmen,
und wenn nein, warum nicht?

Da passt etwas nicht in das Bild, das wir von der Liebe haben und behalten wollen. Aber was genau passt hier nicht ins Bild? Wir möchten, dass die »Liebe« zwar etwas Zwingendes hat, das unsere Hormone tanzen und flattern lässt, aber dass sie uns dennoch »freiwillig« dazu bringt, mit diesem einen Menschen und nicht mit jemand anderem zusammen sein zu wollen. Letztlich wollen wir darauf vertrauen können, dass es eben kein beliebiger »Cocktail« ist, der mein Gegenüber dazu zwingt, mir immerzu schöne Augen zu machen.

Dahinter steht also eine andere Idee der Liebe, eine andere »Bedeutsamkeit«, die sie zum Ausdruck bringen soll. Sie ist verbunden mit einer Erwartungshaltung, die die Liebe weitaus größer denkt, als es im Rahmen biologischer und körperlicher Prozesse möglich ist. Und doch ist es wichtig zu erkennen, wie sich die Liebe körperlich bemerkbar zu machen scheint. Nicht um sie auf diese Prozesse zu reduzieren, sondern um ihre Bedeutung für das zu zeigen, was wir für ein gutes Leben halten. Neben den Hormonen, die auf der körperlichen Ebene so etwas wie »Werkzeuge« und Erzeugnisse der Liebe zu sein scheinen, gibt es von Geburt an Zusammenhänge von Liebe und körperlichem Wohlbefinden. Diese haben offenbar sehr viel grundlegender mit der Aktivität bestimmter Hirnregionen und Nervenbahnen zu tun und bestimmen unsere gesamte körperliche und seelische Entwicklung mit.

LIEBE LÄSST UNS WACHSEN

Bei Neugeborenen zeigt sich sehr deutlich, dass sie ohne jede liebevolle Zuwendung und körperliche Berührung verkümmern. Heute ist diese Tatsache fast selbstverständlich und hat dazu geführt, dass Mutter und Kind nach der Geburt auch in Krankenhäusern vom ersten Moment an unzertrennlich bleiben können, wenn sie wollen. Auch die Väter können durch »Rooming in« ständig anwesend sein. Aber diese Praxis ist zumindest in westlichen Krankenhäusern noch nicht sehr lange vorherrschend. In früheren Jahrzehnten, in denen Hygiene und Keimfreiheit für die Gesundheit von Neugeborenen eine weitaus zentralere Rolle spielten als menschliche Zuwendung, wurde deutlich, dass die Gewichtung hier irgendwie schieflief. Hier kam es dann auf die liebevolle Versorgung und Betreuung einfühlsamer Krankenschwestern oder Ammen an, um die Kinder mit der notwendigen »Wärme« zu versorgen. Eine Aufgabe, die eigentlich wie selbstverständlich die Eltern erledigen können sollten. Wenn wir also schon in unserer frühesten Kindheit viel körperliche und seelische Zuwendung und elterliche Liebe erfahren haben, haben wir gute Chancen, uns so zu entfalten, wie es im besten Fall für uns vorgesehen war. Was uns Menschen von Beginn an antreibt, ist die Sehnsucht nach Anerkennung und dem Gefühl des »Dazugehörens«. Geborgenheit in einer menschlichen Gemeinschaft – eine im Sinne der alten Griechen wohlwollende Verbindlichkeit, die ohne Liebe nicht denkbar wäre.

Demnach zeigt sich die wirksame Macht der Liebe also nicht nur in chemischen Prozessen und dem »Tanz von Hormonen« im Ausnahmezustand, sondern auch in dem Maße, wie sie uns als kraftspendender Zuspruch wieder und wieder zur Verfügung steht. Liebe in Form wahrhaftiger menschlicher Zuwendung (und nicht als Nasenspray) hilft uns, langfristig gesund zu bleiben. Verheiratete Menschen leben länger, werden seltener krank und sind weniger anfällig für Depressionen und Ängste – erklärt der Bindungsforscher James Coan von der University of Virginia (auch wenn das im Umkehrschluss

Küssen soll die Immunzellen im Blut erhöhen. Durch den Austausch von Bakterien erhöht sich die Vielfalt des menschlichen Mikrobioms (Gesamtheit aller Mikroorganismen eines Menschen, vergleiche näher bei Hanno Charisius und Richard Friebe). Außerdem soll es bestimmte Nervenzellen geben, die durch die Liebe besonders gefordert werden, wie etwa der Vagusnerv, der als Teil des Parasympathikus im Gehirn beginnt und sich durch den ganzen Körper bis ins Herz zieht. Diese Zellen liefern eine mögliche Erklärung dafür, dass wir die Liebe tatsächlich mit dem ganzen Körper zu spüren glauben und sie uns mitten ins Herz trifft (dazu näher: Barbara Fredrickson, Die Macht der Liebe).

nicht heißt, dass verheiratete Menschen sich zwingend ein Leben lang lieben).
Die Verbindung zwischen Liebe und Glück scheint also auf der Hand zu liegen. Ohne Liebe werden wir offenbar nicht wirklich glücklich und beim Gesundbleiben hilft sie ebenfalls. Manche Glücksreaktionen gehen aber sogar so weit, dass sie so etwas wie ein »Happy heart Syndrom« auslösen können. So heißt eine Art Herzinfarkt, der zwar durch das übermächtige Glücksgefühl intensiver Liebe ausgelöst wird, aber ähnlich lebensbedrohlich wie ein Herzinfarkt sein kann. Es kann also auch in Sachen Liebe des Guten zu viel werden. Weitaus bekannter und Bestandteil unzähliger Liebesgeschichten, Romane und Liebeslieder aber ist die Eindeutigkeit körperlicher Reaktionen auf die Abwesenheit oder den Entzug von Liebe, das Ende einer Partnerschaft, den Verlust eines geliebten Menschen. Auch hier verändert sich die Welt und unsere Perspektive schrumpft auf einen kaum vorstellbaren Schmerz zusammen. Darauf, sich eine mögliche Zukunft ohne den geliebten Menschen nicht vorstellen zu können. Neben dem klassischen Liebeskummer gehen die körperlichen Reaktionen bis hin zu einem gebrochenen Herzen, das vielleicht nicht den Tod bedeutet, das Leben aber leer und sinnlos erscheinen lässt.

WIE GEBEN WIR DER LIEBE EIN ZUHAUSE?

Sind all diese körperlichen Reaktionen in »guten wie in schlechten Zeiten« nun so etwas wie sicht- und spürbare Zeichen einer Liebe, die als Phänomen selbst aber »ihre Heimat« nicht in uns selbst haben kann, wie Hannah Arendt es so schön formulierte? Zieht sie bei uns ein und aus, wie es ihr beliebt?

Der Frage, was die Liebe ist, woher sie kommt und wo wir ihr begegnen, kommen wir auch durch die biochemische Brille nicht näher. Denn selbst wenn wir in der Lage sein sollten, diese chemischen und körperlichen Bereicherungen künstlich zu erzeugen, so entstünde sicher so einiges, aber höchst unwahrscheinlich das, was wir als »Liebe« beschreiben würden.

Welche anderen Wege also haben wir, um uns selbst darin zu üben, uns wieder und wieder für die »Liebe« entscheiden zu wollen? Und zwar unabhängig davon, welche Erfahrungen wir bisher mit ihr gemacht haben? Wenn wir dieser Frage anhand des bisher Gelernten auf den Grund zu gehen versuchen, ergibt sich die Einsicht der Liebe als einer bestimmten Form der »Praxis«. Die Liebe ist nicht nur das, was wir als Liebe deuten, oder das, was sie mit uns macht, sondern auch das, wofür wir uns entscheiden.

Liebe ist – immer eine Entscheidung

»Wer nur die Menschheit liebt, liebt gar nicht, wohl aber, wer diesen bestimmten Menschen liebt.«

Karl Jaspers

Wir können eines für die Liebe tun: Wir können uns für sie entscheiden. Egal, in welcher Lebensphase, Situation oder Krise – es gibt immer eine mögliche Betrachtungsweise, die liebevoller ist als eine andere. Die Entscheidung für die Liebe beginnt bei den kleinen Zeichen, die die Liebe setzt, und bei denen, die wir ihr setzen können, und gipfelt darin, einem anderen Menschen die Liebe zu versprechen. Aber der Entschluss, der Liebe einen Platz im eigenen Leben einzuräumen, klingt pathetischer, als er ist. Am Ende ist es eine (manchmal sehr pragmatische) Einsicht in den Wert, den die Liebe für jedes gelingende Leben hat oder haben soll.

Die Liebe als Entscheidung? Das klingt, als würden wir unser Bündel schnüren und hinausziehen in die Welt, um die Liebe zu finden. Ein bisschen wie im Märchen oder in Hollywoodfilmen, in denen wir mit den Helden mitfiebern, die für die Liebe ihres Lebens in den Kampf ziehen, komme, was da wolle. Und wenn sie nur mutig und sicher genug sind, dann kann sie nichts hindern. Happy End eingeschlossen. Das kann eine Möglichkeit sein.

Gemeint ist aber zunächst etwas weitaus weniger Kolossales, dafür aber Machbares. Nämlich nicht mehr als die Entscheidung, dass die Liebe – in all der ihr möglichen Vielfalt – einen Platz in unserem Leben haben soll.

Dass sie nicht nur eine Verheißung, mögliche Begegnung oder ein Ereignis sein soll, das wir nicht verpassen wollen, sondern ein »Wert«, dem wir selbst Bedeutung beimessen.

Können Sie sich an einen Moment erinnern, in dem Sie sich für die »Liebe« entschieden haben – und warum? Würden Sie es wieder tun?

Und auch wenn die große Liebe noch nicht um die Ecke gebogen ist, sobald wir uns auf diese Weise für die Liebe entscheiden, so verschieben sich damit doch bereits unsere Prioritäten und

auch unsere Perspektiven. Vielleicht verändert sich unser Leben, vielleicht aber auch nicht – in jedem Fall verändert eine solche Entscheidung die Art und Weise, wie wir es betrachten. Aber wie genau tun wir das? Was machen wir anders oder könnten es zumindest tun – auch wenn wir dann immer noch nicht wissen, ob die Liebe sich für uns entscheidet?
In diesem Entschluss liegt also weiterhin keine Garantie, die große Liebe zu finden oder festhalten zu können – selbst wenn wir es doch so sehr wollen. Das wird Sie nicht überraschen. Dennoch regt sich die leise Frage, wofür wir uns denn da entscheiden, wenn wir doch immer noch nicht wissen, ob dieser Entschluss zu dem führt, wofür wir uns entschieden haben. Hier gilt es erneut, kurz zu überprüfen, was unser Bild oder unsere Vorstellung von dem, was Liebe bedeutet, einschließt. Wir entscheiden uns eben nicht dafür, die Liebe zu »finden« oder sie in Besitz zu nehmen, sondern zunächst einmal nur dafür, ihr eine Bedeutung zuzusprechen. Und das ist etwas völlig anderes.

AN DIE LIEBE GLAUBEN WOLLEN

Dieser Entschluss setzt voraus, dass wir daran glauben, dass die Liebe uns zur Verfügung steht, auf sehr vielfältige Weise. Dass sie da ist, manchmal aber auch durch ihre Abwesenheit bedeutsam wird, wir aber all das, was offenbar mit der Präsenz von Liebe in der Welt zu tun hat, annehmen können oder auch nicht. Das klingt recht groß und salbungsvoll, obwohl wir es doch gerade etwas pragmatischer angehen lassen wollten, und außerdem: Was wird aus der ganzen Idee der Rätselhaftigkeit, des Geheimnisses oder des Ereignisses, das uns als so etwas Besonderes und Verführerisches erscheint?

Wenn uns die Liebe beständig zur Verfügung steht, wie kann sie sich dann entziehen und immer mal wieder durch Abwesenheit glänzen? Wir können uns diese Formen vielleicht wie die verschiedenen Pole eines breiten Spektrums vorstellen. Auf der einen Seite stehen die liebevollen Momente, die wir jeden Tag im Alltag erleben können, die als kleine Zeichen verteilt werden und hin und wieder einfach nur »ja« sagen, ein wenig Anerkennung und Aufmerksamkeit spenden und uns den Nachmittag erhellen.

Auf der anderen Seite des Spektrums steht der Blitzschlag der einen, wahren und nicht enden wollenden Liebe. Alles, was sich dazwischen aufspannt, sind Spielarten, Varianten, Ausdrucksformen und Möglichkeiten der Liebe, die ihre eigene Bedeutsamkeit haben. Wenn wir uns also für die Liebe entscheiden, dann heißt das, dass wir uns für dieses weite Spektrum öffnen und sehen lernen, wie und wo und in welchen Formen die Liebe zum Ausdruck kommen kann. Es heißt aber auch, sich ganz im Sinne der Idee Harry G. Frankfurts um diese verschiedenen Formen der »Liebe« zu sorgen und nicht sofort zur nächsten Blüte weiterzuschwirren, wenn es kompliziert wird – oder sich als bindungsunfähig und liebesinkompetent auszugeben. Das mag hin und wieder einfacher sein, führt aber eindeutig zu sozialer Armut und seelischer Obdachlosigkeit.

Wir erinnern uns an Helen Fishers wohlbedachte Bemerkung: The world without love is a deadly place – auch unsere eigene.

WIE ENTSCHEIDE ICH MICH FÜR DIE LIEBE?

Bei dieser Entscheidung geht es also weniger darum, eine »Liebesbeziehung« möglich zu machen, ein Leben lang verheiratet zu sein oder das Dauerglück in der Partnerschaft zu finden. Es geht darum, der »Liebe« einen grundsätzlichen Wert zuzusprechen, einen Wert, zu dem wir uns entschließen. So wie wir uns aus Überzeugung dafür entscheiden, an die Freiheit zu glauben, an das Gute im Menschen und in der Welt oder den Wert der Demokratie.

Auch das ist weder selbstverständlich noch einfach, aber wir machen diese Kategorien oft unhinterfragt zu Maßstäben für unser Handeln. Warum nicht auch die Liebe?

Welche anderen Werte halten Sie in einem »gelingenden« Leben für wichtig und in welchem Verhältnis stehen diese zur Liebe?

Können wir uns dazu entschließen, steht eine weitere Frage im Raum: Wie genau stellen wir es an, uns für etwas zu entscheiden? Was bedeutet es eigentlich, eine Entscheidung zu treffen, gerade in einem so wenig »ergebnisorientierten« Zusammenhang?
Sich für etwas zu entscheiden, bedeutet die Auswahl beziehungsweise die Rechtfertigung, aus den zur Verfügung stehenden Möglichkeiten eine zu ergreifen, um sie in einer bewussten Handlung zu verwirklichen.
Durch eine Entscheidung wird eine Möglichkeit zur Wirklichkeit. Vielleicht sieht die Wirklichkeit anders aus, als wir dachten. Vielleicht hätten wir im Rückblick auch lieber eine andere Möglichkeit ergriffen. Aber letztlich haben wir uns (hoffentlich aus guten Gründen) dafür entschieden, die Wirklichkeit zu gestalten, indem wir eine Wahl treffen, unsere Wahl.

UND WENN WIR UNS NICHT ENTSCHEIDEN WOLLEN ODER KÖNNEN?

Aber warum tun wir das und was wäre, wenn wir uns einfach nicht mehr von der Wirklichkeit zwingen lassen, Entscheidungen zu treffen? Wenn uns gerade in Sachen Liebe ohnehin eher die »Ereignisse« treffen, dann könnten wir uns doch einfach zurücklehnen und die Welt würde sich auch ganz gut ohne unser Eingreifen weiterdrehen. In weiten Teilen sicher, aber sofern wir uns die alles andere als banale Einsicht vor Augen halten, dass wir selbst ein ziemlich wichtiger Teil unserer Welt sind, wäre es eine schlechte Wahl, sich einfach aus ihr rauszuhalten.
Was im Übrigen ebenfalls wieder eine Entscheidung bedeutet.
Es geht also gar nicht anders, als sich für oder gegen etwas zu entscheiden, weil sich das, was wir unser Leben nennen, als ziemlich komplexe Angelegenheit darstellt.
Diese Tatsache bedeutet mit dem Soziologen Niklas Luhmann, dass immer mehr Alternativen zur Verfügung stehen, als verwirklicht werden können, sodass wir offenbar zeit unseres Lebens einem »Selektionszwang« ausgeliefert sind.
Das klingt furchtbar, muss es aber nicht sein, wenn wir dafür andere und ebenso passende Worte wählen, wie zum Beispiel »Freiheit« oder

Zeichnen Sie eine »Entscheidungslandkarte«: Wann und wo haben Sie wichtige Entscheidungen in Ihrem Leben getroffen? Wozu haben sie geführt beziehungsweise was hatten sie miteinander zu tun? Vielleicht zeichnen Sie diese Karte gemeinsam mit Ihrem Partner oder der ganzen Familie. Das könnte interessant werden.

»Selbstbestimmung«. Wir müssen nicht nur, wir dürfen auch wählen. Denn auf die Freiheit, unser Leben gestalten und bestimmen zu können, will sicher niemand von uns verzichten. In ihr liegt schließlich ein wesentlicher Anspruch des modernen Lebens – und Liebens.

Wie aber genau sollte dieser »Selektionszwang« beziehungsweise die Freiheit zur Entscheidung in Sachen »Liebe« funktionieren? Welchen Platz soll die Liebe in unserem Leben haben?

Und welche Form der Liebe ist es überhaupt, die für uns den größten Wert haben soll? Wie stiftet sie Bedeutung und welche Bereicherung stellt sie für uns da? Dies können wir als abstrakte und grundsätzliche Frage formulieren.

Sobald wir aber darauf antworten und aus dem Spektrum der Liebe eine wie auch immer ausfallende Auswahl vornehmen, treffen wir bereits eine ganz persönliche Entscheidung.

EINE ENTSCHEIDUNG AUS ODER FÜR DIE LIEBE?

Um eine Auswahl treffen zu können, müssen wir Alternativen haben, aus denen wir wählen können, vielleicht sogar müssen. Das beginnt schon bei der Wahl der Perspektive, aus der wir eine Situation, eine Lebensform, einen Menschen beurteilen. Wir können einen liebevollen oder verständnisvollen Blick auf die Situation werfen, in der wir stecken. Wir können aber auch einen anderen Zugang suchen und wütend, genervt, enttäuscht und verzweifelt sein – oder einfach nur ganz realistisch und sachlich, was immer das genau bedeuten mag. Entscheiden wir uns für die »liebevolle« Variante, geht es nicht um das Anrühren eines harmoniesüchtigen Zuckergusses für das, was tatsächlich los ist, und auch um keinen lächelnden Superoptimismus, in dem es nur »Herausforderungen« und keine »Probleme« mehr gibt. Es geht vielmehr um die Zuversicht, dass es möglich ist, einen sinnvollen Umgang mit dem zu finden, was »der Fall« ist – um von dort die eigene Entscheidung zu treffen.

Das klingt für Sie nicht nach einer Entscheidung für die »Liebe« und noch nicht einmal besonders liebevoll? Wahrscheinlich würden viele frühromantische Dichter und Denker Ihnen recht geben und diese Frage eher in die vernunft-

verliebte Riege der Aufklärer abschieben. Aber dahinter steht weniger eine vernünftige Einsicht, sondern eine Haltung, eine Überzeugung oder auch ein Glaube. Nicht weniger als der Glaube daran, dass es sich lohnt, die Dinge genauer zu betrachten, um sie zum Guten oder zumindest doch zum Bestmöglichen zu wenden. Eine Zuversicht, die ganz sicher nicht möglich wäre ohne eine Form der Liebe, eines aristotelischen »Wohlwollens«, das gerade in unserer faktenorientierten Welt knallharter Entscheidungen häufig zu wenig zum Zuge kommt.
Stellen Sie sich vor, wie sich die Entscheidungslandschaft vor dem Hintergrund eines »liebevollen Wohlwollens« verändern würde. Und überlegen Sie, ob dies für Sie eine zu verwirklichende Möglichkeit darstellt oder eine verträumte Schönfärberei dessen, was wir Wirklichkeit nennen. Denn vielleicht gibt es eine Alternative zu unserer Wirklichkeit. Nur mal angenommen, Sie würden tatsächlich auf Menschen treffen, die in der Annahme sinnvoller Möglichkeiten ihre Handlungsoptionen anders prüfen. Die nicht beständig davon ausgehen, sowieso immer alles allein machen zu müssen, die Vertrauen wichtiger finden als Misstrauen und die statt beständiger Kontrollen auf Dialog setzen könnten (und natürlich gibt es diese Menschen und diese

Situationen schon jetzt, aber oft finden wir uns in Entscheidungssituationen wieder, denen ein wenig mehr »Liebe« guttun könnte).
Würden wir uns also in einem solchen »liebevollen« Blick auf die Möglichkeiten unserer Wirklichkeit üben, wären wir ganz sicher nicht alle ineinander verliebt. Aber es würde ein wohlwollender Blick auf die Welt überwiegen und dies kann nur gelingen, wenn wir uns für die »Liebe« entscheiden. Eine Einsicht, die nicht wirklich neu ist und bereits im alten Griechenland in Platons Glaube an das Gute und der aristotelischen Ethik als die alles Weitere tragende Idee zutage tritt, an der wir unser Handeln ausrichten sollten – der Entscheidung aus und für die Liebe.

HABEN WIR ÜBERHAUPT EINE WAHL?

Es geht also darum, diese Form der Liebe »wählen« zu können. Zum Teil, weil wir das Gefühl haben, gar nicht anders zu können, wie wir im ersten Kapitel gehört haben, aber doch auch, weil wir nichts anderes wollen. Dahinter steht die mitgedachte Annahme, dass es in der Liebe bei aller Notwendigkeit auch immer die Möglichkeit gibt, sich gegen sie zu entscheiden, damit aus der Entscheidung ein freiwilliges »Handeln aus Liebe« werden kann. Wir brauchen unseren Geist, damit wir um unsere Gefühle wissen und sie in sinnvolle Handlungen überführen können. Dieser Dreiklang setzt voraus, dass wir uns als Personen mit einem »freien Willen« sehen, die in der Lage sind, nicht nur leidenschaftlich zu lieben, sondern auch vernünftig zu entscheiden und dafür die Verantwortung zu übernehmen. Wir könnten diese Fragen nicht stellen, geschweige denn beantworten, wenn wir beschließen sollten, nur noch unserem Herzen und unserem »Bauch« oder gar den chemischen Reaktionen unserer Botenstoffe zu folgen.

Eine Entscheidung zu treffen, bedeutet nach Aristoteles so etwas wie die »Tatherrschaft« über die eigenen Handlungen zu übernehmen beziehungsweise davon auszugehen, dass das auch möglich ist. Wenn wir die Herrschaft über unsere Taten übernehmen wollen, dann gilt es, die Gründe für das zu kennen, was wir tun. Wir sollten also wissen, warum wir etwas tun.

Und hier kommen wir noch einmal auf die Tatsache zurück, dass wir in der Liebe nicht mit »faktischen« Gründen für unser Handeln aufwarten können. Die Liebe selbst ist der Grund für unsere Entscheidungen, das gilt sowohl im Grundsätzlichen wie im Konkreten. Was genau heißt das? Es bedeutet, dass die Liebe keine Gründe erschafft, um etwas zu tun, sondern dass sie selbst der Grund für unsere Handlun-

gen ist. Das gilt ebenso für Entscheidungen, die ich treffe, wenn ich sie als Wert für mein Leben wichtig nehme, wie für das, was ich für jemanden tue, den ich liebe.
Ein Beispiel: Wenn ich meinem Mann zuliebe darauf verzichte, im Sommer an die See zu fahren, weil er lieber in die Berge möchte, dann tue ich das nicht, damit er mich weiterhin liebt. Oder weil ich schon fast zwanzig Jahre mit ihm zusammenlebe, auch nicht, weil ich keinen Streit riskieren will oder meine Bedürfnisse unwichtig finde. Ich tue es, weil ich ihn liebe und damit auch seine Bedürfnisse für mich von Bedeutung sind. Im besten Fall. Darin steckt ein gutes Maß an Kompromissbereitschaft, die sich in der Liebe aber nicht beständig wie ein zu bringendes Opfer anfühlt, sondern wie ein selbstverständliches Auspendeln eines Gleichgewichts. Die Entscheidungskriterien folgen keinem ökonomischen Investitionsdenken. Ich entscheide einfach, weil es in dieser Situation keine Alternative gibt, die ich lieber verwirklichen möchte.

DIE BÜHNE DER ZWEI

Nur wenn ich diese Form der Wirklichkeit für mich gutheißen kann (ohne dann in den Bergen die ganze Zeit mit zusammengebissenen Zähnen und stummen Vorwürfen neben meinem Mann

herzutrotten), tue ich tatsächlich etwas »aus Liebe«. Das heißt nicht, dass es nicht hin und wieder sinnvoll ist, auch das eine oder andere Opfer für die Liebe zu bringen. Wichtig ist in diesem Zusammenspiel nur, dass es in der Liebe nicht darum gehen darf, sich selbst aufzugeben, sondern darum, sich mit dem französischen Philosophen Alain Badiou für eine »Bühne der Zwei« zu entscheiden. Eine Bühne, die ich betrete, wenn ich bereit dafür bin, nicht mehr als einzelne Person, als singuläres »Ich«, sondern als ein »Wir« durchs Leben zu gehen.
Die Bühne der Zwei entsteht nach Badiou, »wenn der andere, mit seinem Sein bewaffnet, in mein Leben getreten ist und es damit zerbrochen und neu zusammengesetzt hat«.

Skizzieren Sie Ihre »Bühne der Zwei«, auch in Abgrenzung zu Räumen oder Rückzugsorten, die Ihnen ganz allein gehören. Gibt es Verbindungstüren?

Das klingt, als würde die Entscheidung zwischen meiner eigenen Identität und einer gemeinsamen Liebe zu treffen sein. Gemeint ist aber eher, wie der Philosoph betont, eine besondere Form

der »Sturheit«, nämlich der Entschluss, aus dem, »was ein Zufall war, etwas anderes zu machen«. Der Zufall einer besonderen Begegnung, aus der etwas entstehen soll, »eine Dauer, eine Hartnäckigkeit, eine Verpflichtung, eine Treue«.
Das bedeutet, wenn wir lieben, verleugnen wir nicht unser Wesen, aber wir verändern unser Leben. Aus dem wichtigen Grund, dass die Liebe darin weiterhin eine Rolle spielen soll, und zwar in diesem Fall die Liebe zu einem ganz besonderen Menschen. Einem Menschen, der in all seiner Besonderheit als Zappelphilipp und Strampeltante immer da, immer Teil meines Lebens sein soll, wie es Kurt Tucholsky an seine spätere Frau May in einem Brief schrieb: »Dein Kopf liegt an meiner Schulter, ich sehe Deine Haare im Licht zittern, ich streichle Deine Hand. Ich empfinde Dich ganz deutlich, so nahe, so nahe, ich fühle die Wärme Deines Körpers – und ich möchte immer das eine: Du sollst immer da sein. Du alter Zappelphilipp, Du Strampeltante: ich küsse Deine liebe Hand und freue mich, auf Sonntagabend.«
Wie aber schaffen wir es, den anderen immer »da« sein zu lassen? Ihn oder sie dazu zu bringen, »da« sein zu wollen? Damit kommen wir zu einem ganz anderen Bereich der Liebe, der eine andere Seite unseres Liebesideals betrifft:

die Frage der Verbindlichkeit, vielleicht auch der Verantwortung in der Liebe. Eigentlich Themen, die heute viel und gern, manchmal mit moralisch geschwungenen Augenbrauen diskutiert werden. Aber auch wenn sie in jeder gelebten Liebe eine Rolle spielen, klingen sie entweder wie anstrengende Diskussionen am abendlichen Küchentisch oder erinnern an zu oft gewaschene Baumwollunterwäsche. Warum ist das so?

Arthur Aaron führte eine Studie zur experimentellen Erzeugung menschlicher Nähe durch: 33 Mann-Frau-Paare wurden mit 36 sehr persönlichen Frage zusammengesetzt und mussten sich abschließend vier Minuten lang in die Augen sehen. Daraus entstanden Liebesbe ziehungen, sogar eine Ehe wurde sechs Monate später geschlossen.

VERANTWORTUNG FÜR DIE LIEBE

Wenn es darum geht, sich zu fragen, welche Verantwortung ich für die Liebe in meinem Leben habe, dann lässt sich dies nur auf eine bestimmte Handlung oder Entscheidung hin beantworten. Ähnlich wie der Philosoph Karl Jaspers betont, wenn er sagt: »Verantwortung ist immer konkret. Sie hat einen Namen, eine Adresse, eine Hausnummer.« Wie aber ist das gemeint, wie sieht »konkrete« Liebe aus? Es ist das, was geschieht, wenn wir die Liebe raus aus den Wolken, den romantischen Idealen und dem, was wir an Erwartungen zusammengetragen haben, in das holen, was wir »Alltag« nennen. Aber nicht im gewöhnlichen, sondern im schönsten Sinne. Dazu gehört sehr viel von dem, was wir bisher schon gehört haben: die immer wieder neu stattfindende Begegnung, die Bereitschaft, sich auf den anderen einzulassen und ihm zuzuhören, selbst wenn ihm die Haare zu Berge stehen und er ihr seinen misslungenen Tag vor die Füße kippt. Oder sie ihm. Es geht nicht um das hochfliegende »Erreichen« von etwas, sondern um das aufmerksame Füreinanderdasein, mit all dem »Zeug«, wie es der Philosoph Martin Heidegger nennt, das zu unserem »Dasein«, also auch zu einer Liebe im Alltag gehört.

Sich darin vertraut zu werden und dennoch bedeutsam zu bleiben, ist vielleicht eine der schönsten Errungenschaften einer Liebe, in der sich die drei griechischen Formen des Eros, der Philia und der Agape die Hand reichen, um sich mitten im Leben zu bewähren. Es geht auf der Bühne der Zwei darum, sich zu »zähmen« und dadurch nicht lahm und langweilig zu werden, sondern »bedeutungsvoll« und »gekannt«.

Eines der schönsten Gespräche, das um diese

Form der »Verantwortung« kreist, ist das Gespräch des kleinen Prinzen mit dem Fuchs in Antoine de Saint-Exupérys Geschichte von der Reise des kleinen Prinzen durch das Universum. Auf dieser Reise trifft er den Fuchs.
Der kleine Prinz hofft, die beiden könnten Freunde sein. Doch der Fuchs erklärt ihm, es brauche Zeit, um Freundschaft zu schließen, Zeit, in der man »sich vertraut« werden könne. Nur, so klagt der Fuchs: »Die Menschen haben keine Zeit mehr, irgendetwas kennenzulernen. Sie kaufen sich alles fertig in den Geschäften. Aber da es keine Kaufläden für Freunde gibt, haben die Leute keine Freunde mehr.«
Aber: »Das, was es zuallererst braucht, um einen Menschen kennen und lieben zu lernen, ist Zeit.« Zeit, die wir ihm schenken und eine »Aufmerksamkeit, die von Herzen kommt«. Außerdem, so ist der Fuchs überzeugt, geht es nicht allein darum, sich wahrhaftig kennenzulernen und brauchen zu dürfen, sondern auch darum, für dieses »Vertrautsein« verantwortlich zu sein, sich für die Freundschaft beziehungsweise die Liebe verantwortlich zu fühlen.
Der französische Philosoph Jacques Derrida sieht den Moment der beginnenden Verantwortung schon sehr viel früher wirksam werden. Für ihn liegt allein in der Tatsache, dass wir uns an

jemanden richten, eine Übernahme von Verantwortung. Wir entscheiden, an wen oder was wir uns richten, und treten damit in Beziehung zu dem anderen, sind ihm eine »Antwort« schuldig in der Art und Weise, wie wir uns gegenseitig aneinander richten.

Das Wort »Verantwortung« geht auf den lateinischen Begriff »respondere« (eine Antwort geben) zurück, der sich ähnlich auch im englischen »responsibility« oder der französischen »responsabilité« wiederfindet. Zunächst also meinen wir nicht mehr als das schlichte »Geben einer Antwort«, wenn wir von Verantwortung sprechen. Diese darf aber kein dahingesagtes Irgendwas sein, sondern das Ergebnis einer tatsächlichen Auseinandersetzung mit dem, worauf ich da antworte. Das, was in dieser Antwort liegt, ist aber eben keine Erklärung oder Begründung, sondern ein Bekenntnis, eine »Zusage«, die meine Entscheidung für diese konkrete Liebe belegt. Gemeint ist hier kein gesetzlich oder gesellschaftlich festgeschriebenes Bekenntnis, sondern eine »freiwillige Selbstverpflichtung«, die wir uns aussuchen, weil wir den Lauf der Dinge durch unseren Willen beeinflussen wollen.

Was hat Liebe mit Verantwortung zu tun – und wo ist die Grenze zu einer Verpflichtung aus Liebe?

Denken wir an die »Sturheit«, die wir dem Zufall gegenüber einnehmen, wenn wir die »Bühne der Zwei« betreten, wie es Alain Badiou beschrieb. Ganz ähnlich versteht es der Philosoph Rüdiger Safranski, wenn er die vielbeschworene, aber überaus schwierige und konfliktreiche Freundschaft von Goethe und Schiller als »Sabotage am üblichen Lauf der Dinge« beschrieb und findet: »Das ist immer schön.«

Welche »Sabotage« am Lauf der Dinge haben Sie schon einmal vorgenommen? Wann haben Sie sich für das Unwahrscheinliche entschieden – vielleicht in der Gewissheit, dem daraus entstehenden Lauf der Dinge etwas Zwingendes zu geben?

In diesem Verständnis Verantwortung für die Liebe zu übernehmen, bedeutet also nichts anderes, als eine Entscheidung sowohl für als auch aus Liebe zu treffen, weil wir daran glauben, den üblichen Lauf der Dinge durch das Bekenntnis für den anderen beeinflussen zu können. Dieses Bekenntnis bedeutet aber wiederum nicht, in der Annahme von Verantwortung nun im rationalen Sinne für Sicherheit und garantiertes Gelingen zu sorgen, sondern die gegebenen Bedingungen auf die bestmögliche Weise auf dieses Gelingen auszurichten – also das

Bekenntnis immer aufs Neue in sich wandelnden Fragestellungen und Kontexten zu »überprüfen« und in das eigene Verhalten und Handeln zu überführen. Kein ewiger Treueschwur, komme, was da wolle, sondern ein Versprechen, sich in der Fürsorge um die gemeinsame Liebe verantwortungsvoll zu verhalten.

Das klingt selbstverständlich, ist es aber nicht, denn es ist ein überaus anspruchsvolles Vorhaben, das ständig durch Alltag und den Zahn der Zeit auf die Probe gestellt wird. Diese »Probe« bestehen wir aber nur, wenn wir aus Liebe zueinander nach einer Lösung suchen und diese Liebe als Fundament unseres Verhaltens voraussetzen können – sie also nicht zum Spielball, zum Pfand oder zur Belohnung verdrehen, mit dem wir Einfluss zu üben versuchen.

Ganz in diesem Sinne schreibt der Philosoph Martin Heidegger in einem Brief an Elisabeth Blochmann, eine langjährige Freundin: »Und wie die innerste Triebkraft darin liegt, vorauszusetzen, vom anderen geliebt zu sein, so lebt echte Freundschaft aus demselben Grunde; aus der Treue zu dem, wozu sich der Einzelne für den anderen entschlossen hat.«

Für welche Liebe würden oder haben Sie Ihr Leben verändert? Und – gibt es diese Liebe immer noch?

Liebe ist – eine wohlwollende Form der Praxis

»Liebe – und tu, was Du willst.«

Augustinus

Wenn wir das, was wir tun, aus Liebe tun, handeln wir auf eine Weise, die den Einfluss der Liebe auf unser Leben ernst nimmt. Liebe besteht aus Aufmerksamkeit, Zuwendung und Geduld und wird nicht automatisch von Erfolg, Glück oder Spaß gekrönt.
Das ist nicht neu, bleibt aber existenziell. Denn aus dieser Einsicht entsteht das, was wir eine »Praxis« der Liebe nennen wollen. Oft steht diese Art zu handeln unserer modernen Idee einer »uneingeschränkten« Liebe im Wege – und dann doch wieder nicht. Denn vielleicht gibt es nichts Schöneres, als sich von der Notwendigkeit der Liebe einschränken zu lassen, gerade in einer fortschrittlichen Welt der scheinbar unbegrenzten Möglichkeiten.

Sich für die Liebe entscheiden zu können, bedeutet im nächsten Schritt, diesem Entschluss eine bestimmte Praxis folgen zu lassen, eine besondere Art zu handeln, die dabei die Liebe nicht aus den Augen verliert. Sie ist also gleichzeitig der Grund, warum wir etwas tun, und das Ziel, auf das unser Handeln ausgerichtet ist. Es scheint etwas kompliziert zu werden, aber überlegen Sie kurz und denken Sie noch einmal an den Resthof in den Bergen oder den König, der für seine »Königin« auf den Thron verzichtet. Vielleicht aber auch an die gemeinsame Entscheidung von Jan und Paula, nach der Begegnung in der S-Bahn die Gelegenheit beim Schopfe zu packen und gemeinsam an der Endstation einen Kaffee zu trinken. Es reicht nicht, die Liebe verstehen zu lernen und uns für sie zu entscheiden, wir müssen auch lieben wollen und etwas für sie tun.

Die Liebe verdient ihre eigenen kleinen Feiern und Zeremonien – in denen es nur um sie selbst geht. Um den Blick in den geliebten Garten, den Moment, in dem Sie Ihrer alten Freundin einen Brief schreiben oder sich selbst »liebevoll« im Spiegel betrachten. Gibt es Momente, in denen Sie ganz bewusst etwas tun, in denen es nur um die »Liebe« geht – und weniger um das »Geliebte«?

Jede Liebe braucht eine eigene Praxis und eine Praxis ist ein Tun, das um seiner selbst willen einen Wert hat. So beschrieb schon Aristoteles das Wesen jeder Praxis in Abgrenzung zu einem rein zweckgerichteten Handeln. Was genau soll das heißen? Es gibt viele Dinge, die wir im Leben tun, um etwas anderes zu erreichen. Wir bauen ein Haus, um darin zu wohnen. Wir erledigen einen Job, um unsere Miete bezahlen zu können. Oder wir lernen Französisch, um im nächsten Urlaub die Speisekarte besser zu verstehen. Dann aber gibt es Dinge, die wir einfach tun, um sie tun zu können: Wir malen, lesen, singen, tanzen – oder lieben. Nicht (nur), weil diese Dinge für irgendetwas gut wären, sondern weil sie um ihrer selbst willen das Leben bereichern.

Um die eigene Haltung zu einer »praktischen Liebe« klären zu können, gilt es herauszufinden, ob ich das eigentlich kann beziehungsweise will: lieben, um zu lieben. Darin liegt alles andere als eine Selbstverständlichkeit. Es gibt große Denker, die überzeugt waren, dass die Liebe nicht mehr als eine subtile Form des Egoismus ist – dass wir also nur lieben, um geliebt zu werden. Überlegen Sie kurz. Für beide Perspektiven der Liebe gibt es gute Beispiele. Für die nach Bestätigung hungernde, die sehnsüchtige, die abhängige Liebe ebenso wie für eine erfüllte und gelingende

Liebe oder auch eine unerwiderte oder selbstlose Liebe, die nicht von der Erwartung lebt oder leben kann, wieder geliebt zu werden. Wofür also entscheiden wir uns?

Mal ganz ehrlich: Welche Liebe, die Sie erlebt haben, war wirklich eine selbstlose Liebe? Glauben Sie, dass es so etwas überhaupt geben kann?

DIE PRAXIS DER LIEBE IM 21. JAHRHUNDERT

Diese Entscheidung ist sowohl eine persönliche und sehr private als auch eine gesellschaftliche und damit kollektive und stellt erneut die Frage nach dem »Wert«, den wir der Liebe geben wollen. Was können wir für sie tun und wie ist es in Zeiten eines »Hyperindividualismus« um eine ernst zu nehmende Liebespraxis bestellt, wenn wir sie als einen Wert beschreiben, um den es sich zu kümmern gilt, den wir ebenso hegen und pflegen müssen wie den Menschen oder die Dinge, die wir lieben?

Aber diese Zweifel täuschen nur kurz darüber hinweg, dass die Sehnsucht nach der großen und wahren Liebe so lebendig ist wie eh und je und wohl kaum durch virtuelle Anreize oder gesellschaftliche Institutionen erfüllt werden kann –

zumindest noch, und das zum Glück. Denn auch und gerade mithilfe neuester Technik und Kommunikation, in sozialen Netzwerken und auf Datingplattformen wird sie gesucht, die Liebe, selbst wenn es dann oft nur Affären werden. Garantien gibt es hier also auch trotz bester »Passungsalgorithmen« keine, aber versuchen kann man es ja – immer wieder. Denn wenn wir großen Werbeplakaten Glauben schenken, dann verliebt sich auf so manchen Internetportalen alle elf Minuten ein Single (und das ist doch mehr, als nur genügend passende Häkchen gefunden zu haben). Aber wie genau funktioniert eine Liebe, die sich auf der Basis von Algorithmen und angeklickten Vorlieben anbahnen lässt? Wenn wir uns für diesen Weg, diese Möglichkeit der Liebe entscheiden, ist das dann dieselbe Liebe, die von Platon bis zur Romantik die Ideale einer geistigen Partnerschaft hochhält oder einer Leidenschaft, die uns »auf den ersten Blick« vor die Füße fällt? Welche Form der Praxis folgt aus dieser Vorstellung von Liebe? Rein pragmatisch scheint auf den ersten Blick einiges dafür zu sprechen, sich einer potenziellen Liebe so zu nähern, wenn wir einfach ein paar Häkchen setzen und uns dann aus einer attraktiven Liste von Profilen Mr. oder Mrs. Right herausfischen können. Warum dann noch nächtelang durch Kneipen ziehen oder auf Partys herumstehen, um dann doch wieder allein nach Hause zu gehen? Wissen können wir ohnehin nie, wann uns die Liebe begegnet, aber vielleicht klappt es ja in den nächsten elf Minuten.

LIEBE IN MODERNEN ZEITEN

Laut jüngster Studien (Statista Digital Market Outlook) sehen rund 17 % der über 16-jährigen Deutschen darin eine Chance für die Liebe und dafür geben sie über 200 Millionen Euro aus, Tendenz steigend. So viel ist letztlich kein One-Night-Stand wert. Käuflichen Sex gibt es anderswo, also scheint die Hoffnung auf irgendein »mehr« Teil dieser Liebesversprechen zu sein.

Für diese moderne Liebespraxis mit anderen Mitteln spricht außerdem, dass die Bedingungen, unter denen die Liebe »gedeihen« soll, auch und gerade in der realen, analogen Welt immer verwirrender werden. Nicht nur die Frage nach der eigenen Identität ist im ständigen Werden. Auch das Zusammenspiel von Mann und Frau, der gelebte Alltag in einer gelingenden Partnerschaft und all das, was sie uns sein soll, sind im dauerhaften Wandel und haben traditionelle Richtlinien und Werte aufgelöst. Bei aller Freiheit

verfolgen wir hier noch immer sehr klare »Normen« von dem, wie unser Gegenüber sein und aussehen, sogar, was die Liebe sein und können soll und was nicht, und das verwirrenderweise eben nicht nur beim Abgleichen von Hobbies, sondern auch auf der emotionalen Ebene. Ein Empfinden von Sinnverlust oder Beliebigkeit soll in der Beziehung zu einem liebenden Menschen aufgehoben werden. Ähnlich einer »existenziellen Heimat«, die uns der andere bieten soll, wie es der Philosoph Simon May vom King´s College in London beschreibt: »Liebe ist die Entrückung, die wir für Menschen und Dinge verspüren, die in uns die Hoffnung auf ein sicheres Fundament für unser Leben wecken.«
Das zentrale Anliegen ist hierbei also ein grundlegendes »Aufgehobensein« in der Liebe, etwas, das nach May aber auch die Liebe zu bestimmten Dingen, Orten oder Tätigkeiten erfüllen kann. Wie dieser hohe Anspruch aber in einem Atemzug mit persönlicher Freiheit und Selbstverwirklichung zu denken ist, bleibt offen.
Feststeht, dass die Liebe einen Rahmen braucht, in dem sie nicht zum Bleiben gezwungen wird, sondern gelingen kann, weil sie freiwillig bleiben, wachsen, sich verändern darf und – mit dem Philosophen Wilhelm Schmid – »atmen« (das griechische pneuma für Atem bedeutet auch

Geist oder Seele) kann. Sie ist immer nur das, als was sie sichtbar wird, und verschwindet, wenn wir wollen, dass sie etwas anderes sein sollte. Das ist Segen und Fluch zugleich, aber in beiden Fällen: meist nicht zu ändern.

WAS ALSO TUN?

Unser modernes Bild der Liebe folgt häufig einer Vorstellung, die sich damit nicht zufriedengeben möchte, die daran glaubt, alle platonischen Formen der Liebe, romantische Leidenschaften und moderne Ansprüche gleichzeitig versammeln und zum Bleiben überreden zu können. Wie in der Romantik soll sie für alles herhalten, was uns verunsichert oder unglücklich macht.

Was erwarten Sie von der Liebe und den Menschen, die Sie lieben?

Wie damals soll die Liebe der Ort sein, in dem nicht Fortschritt und Rationalität das Sagen haben, sondern Sinnlichkeit und Leidenschaft. Sie soll die Sorgen heilen, die Not lindern, die Erschöpfung kurieren, die die immer sachlichere und hochtechnisierte Welt für uns bedeutet. Exakt an diesem Punkt stellen wir dann vielleicht etwas zerknirscht fest, dass es sich bei diesen »Vorstellungen« letztlich doch um handfeste

»Zwecke« handelt. Um Erwartungshaltungen an das, was die Liebe für uns sein und der andere für uns tun sollte – wenn es denn wirklich und wahrhaftig Liebe ist. Und genau das wollten wir doch eigentlich gerade nicht.

Stellen wir doch einmal unsere eigene Liebespraxis auf den Prüfstand, das, was wir tun, wenn wir »lieben«. Und verbannen wir dabei die Gedanken an ein gelingendes Liebesleben auf rein sexueller Ebene für einen Moment mal in die zweite Reihe.

Geht es in dem, was ich tue, wenn ich »liebe«, um den anderen, weil er – oder sie –, wie er ist, eine Bereicherung und Freude für mein Leben darstellt? Oder »liebe« ich mein Leben, weil er dafür da ist, das Geld für die Hypothek zu verdienen, damit sie in Ruhe Tennis spielen kann? Es gibt sehr viele verschiedene Grundlagen und Fundamente, auf denen Beziehungen, Partnerschaften und Ehen beruhen und gut funktionieren können. Zu klären ist an diesem Punkt, welche Rolle die Liebe für dieses Gelingen spielt beziehungsweise was da eigentlich geliebt wird oder auch nicht. Auch das genannte Modell ist eine Form der Beziehung, die tragfähig ist und sehr lange halten kann. Ob es sich dabei um Liebe handelt, ist eine andere Frage. Aber sich dieser Frage zu stellen, ist aufschlussreich. Denn ohne immer genau zu wissen, wieso und warum, tun wir die Dinge, die wir tun, anders, wenn wir lieben. Frei nach Erich Fromm, der mit seiner »Kunst des Liebens« schon vor Jahrzehnten dafür warb, das Lieben lernen zu wollen. Und so kann auch ein Großverdiener lernen, seine Tennisspielerin (wieder) zu lieben und umgekehrt, ohne dass sich dabei alles ändern müsste. Notwendig ist allerdings eine bestimmte Form der erwartungsfreien Offenheit für das, was »ist«, und das, was möglicherweise daraus werden kann. In einem liebevollen Austausch von einem »konkreten Ich an ein konkretes Du«, wie es der Denker Roland Barthes in seinen Fragmenten zu einer Sprache der Liebe beschrieb. Ein Austausch, der an das Gespräch zwischen dem Fuchs und dem kleinen Prinzen erinnert.

DIE BESONDERE KUNST, SICH SELBST ZU LIEBEN

Diesen Austausch können wir aber nur anstreben, wenn wir uns selbst als Teil jeder Liebesbeziehung ernst nehmen. Welche Rolle spielen wir darin, wie lieben wir den anderen und – wären wir gern mit uns selbst verheiratet?

Eine interessante Frage, die schon Max Frisch in seinen berühmten Fragebögen in den Raum stellt. Um auf diese Frage mit »ja« antworten zu können, braucht es nun keine selbstverliebte Begeisterung für das eigene Selbst, aber doch ein wohlwollendes Verhältnis zu dem, was und wer wir sind. Wie könnten wir sonst jemanden lieben, der sich uns ausgesucht hat?

Es geht also um eine gute Portion Selbstliebe, die vielleicht sogar nicht nur eine hinreichende, sondern eine notwendige Bedingung für jede gelingende Liebesbeziehung sein sollte.

Wie aber passt die Selbstliebe in unsere Idee eines modernen Liebeslebens?

Haben wir nicht gerade genug damit zu tun, Abstand von beständiger Selbstbespiegelung und Selbstverliebtheit zu nehmen, um die Aufmerksamkeit auf denjenigen zu lenken, den wir eigentlich lieben wollen? Liegt nicht hierin der Ursprung der fast ketzerischen Frage, ob wir die »Liebe« als Beziehung überhaupt noch brauchen, da wir uns schließlich selbst haben?

Sicher ist die Problematik einer zunehmend narzisstischen Gesellschaft ein notwendiges Thema für die Überlegung, wie eine moderne Liebespraxis aussehen kann, aber nicht immer ist das Gegenteil des Falschen automatisch richtig. Wenn wir also den Egoismus in Selbstlosigkeit verkehren, ergibt sich daraus nicht automatisch eine gelingende Liebespraxis. Denn wie kann ich ein Liebender sein, wenn ich nicht mehr ich selbst bin? Die Frage ist doch gerade, wie es gelingen kann, wahrhaftig ein »Liebender« zu sein? Und die Wahrscheinlichkeit ist groß, dass dies am besten denjenigen unter uns gelingt, die sich selbst ebenfalls als »liebenswert« einstufen. Dieser Gedanke eines gesunden und wohlwollenden Selbstbezugs reicht ebenfalls weit zurück in die antike Philosophiegeschichte, auch wenn er uns insbesondere durch christlich interpretierte Umwege heute nicht mehr so geläufig erscheint wie den Menschen in der Antike. Gemeint ist die philosophische Praxis der »Selbstsorge«, die einen anerkennenden Umgang mit den eigenen Fähigkeiten und Eigenschaften anstrebt. Mit der Art und Weise, wie ich mich selbst erlebe, wahrnehme, kennenlerne – wie ich mich zu mir selbst ins Verhältnis setzen kann. Der Begriff findet sich ebenfalls in den platonischen Dialogen und ist ein zentrales Thema in den Ausführungen des Alkibiades in Platons Symposion (dem Gastmahl, bei dem es auch um die Rolle der Kugelmenschen und das Streben nach Vollständigkeit ging, Sie erinnern sich). Der französische Philosoph Michel Foucault hat sich in einer Vorlesungsreihe in den 80er-Jahren in Paris ausführlich mit der Frage beschäftigt, wie diese griechische Idee der Selbstsorge auf die moderne westliche Welt zu übertragen sei.

Wesentlich dreht sie sich um die Frage, wie sich der Umgang mit der eigenen bürgerlichen Freiheit auch als eine spezielle Form der Ethik, also einer Art und Weise, seine Sache »gut« machen zu wollen, reflektieren lässt.
Aauch die Griechen hatten dieses Ziel bereits im Blick und nannten es die »epimeleia«.
Hierbei ist die Frage nach dem Gebrauch der Freiheit nicht deshalb so notwendig, weil sie zur angestrebten Selbsterkenntnis verhelfe, sondern weil nur im »ethischen Gebrauch« der eigenen Möglichkeiten und Fähigkeiten die Voraussetzung für eine gut funktionierende Gemeinschaft liege. Jeder hat die beste Version seiner selbst zu werden, um am Ende die bestmögliche Form der Gemeinschaft zu ermöglichen.
Unsere kulturelle Entwicklung in den letzten Jahrhunderten hat den Gedanken der »Selbstsorge« jedoch mit dem christlichen Ideal des »Selbstverzichts« vermengt.
Daher bleiben wir heute in dieser Form eines wohlwollenden Umgangs mit uns selbst oft entweder sehr ungelenk und erstaunlich widerwillig oder schießen in großspuriger Selbstherrlichkeit über das Ziel hinaus.
Dennoch zeigen sich in den modernen Sinnfragen und der Sehnsucht nach einer gelingenden »Liebespraxis«, dass wir darin etwas vermissen.

Dass wir uns noch immer als die »sozialen Wesen«, als die Aristoteles uns bestimmt hat, nach einer Gemeinschaft und Zugehörigkeit sehnen, die uns Anerkennung und Liebe entgegenbringt – auf welche Weise auch immer. Diese Sehnsucht können wir nicht aus uns selbst heraus stillen.

Die Frage nach dem, wer und was wir sind, ist bis heute auf ein Gegenüber angewiesen, das uns an unseren eigenen Grenzen auch als die Person bestimmt, die wir sind.

Genau das hat Sokrates in der Apologie, seiner Verteidigungsrede kurz vor seinem Tod, im Sinn gehabt, wenn er sagt, er habe nichts weiter getan, als umherzugehen, »um Jung und Alt unter euch zu überreden, ja nicht für den Leib und für das Vermögen zuvor noch überall so sehr zu sorgen als für die Seele, dass diese aufs Beste gedeihe, zeigend, wie nicht aus dem Reichtum die Tugend entsteht, sondern aus der Tugend der Reichtum und alle andern menschlichen Güter insgesamt, eigentümliche und gemeinschaftliche«.

Es geht nicht um einen asketischen Rückzug des Selbst in die eigene Innerlichkeit, um sich dort zu finden, oder um eine extrovertierte Bühne, auf der wir sichtbar werden können. Gemeint ist das bewusste und dabei wohlwollende «Sich-ins-Verhältnis-Setzen« zu dem, was ist. Etwas, das nur als Polarität, als Spannung von innen und außen zu denken ist und vielleicht seine schönste Form in einer lebendig gelebten Liebe findet.

DIE POLARITÄT EINER LEBENDIGEN LIEBE

Wahre Liebe lebt von ihrer eigenen Polarität. Zu ihr gehört neben Innen und Außen, dem Eigenen und dem Anderen, Offenheit und Geheimnis genauso Spannung und Nichtverstehen. Denn nur dann kann sich in der Versöhnung, der Entspannung oder dem Gefühl der Geborgenheit das Lebendige zeigen, das jede Liebespraxis trägt und erhält.

Es geht für uns alle darum, das ganz »normale Chaos der Liebe« als ihr eigentliches Wesen anzuerkennen. Ein Chaos, das sich daraus ergibt, dass sich zwei Menschen in all ihrer Unterschiedlichkeit einander zumuten und ein Bekenntnis genau für dieses »andere« ablegen. Die Dichterin Mascha Kaléko hat dieses absolut »Andere« in einem ihrer Gedichte in den 1920er-Jahren sehr schön beschrieben, wenn sie anmahnt, dass aus zwei Singularen niemals ein Plural werde und der Erhalt dieses Singulären ein viel wichtigeres Ziel einer gelingenden Liebe ausmachen solle als das Bild einer »Verschmelzung« zu einem einzigen Ganzen.

Ein ganz ähnliches Bild formuliert der indische Denker Khalil Gibran, wenn er schreibt, dass wir in der Liebe das eigene Wachstum nicht durch den Schatten des anderen behindern sollten, weil wir unsere Wurzeln zu dicht beieinander gepflanzt haben.
Was aber nicht mit dem gegenwärtigen Missverständnis zu verwechseln ist, seine Wurzeln so weit voneinander fernzuhalten, dass es möglichst keinerlei Verbindlichkeiten mehr gibt.
Die wahre Liebe wird damit zu einer Praxis, die von einem Wechsel der Zustände lebt, von der Spannung, die sich nur aus dem Spiel von Gegensätzen ergeben kann.
Erst dann wird sie zu einem Versprechen, einer erotischen Verlockung des Schönen. Ganz im Sinne des griechischen Dämons Eros, der uns erst die Kraft gibt, die Schönheit der Welt durch die Liebe erkennen zu können, der beständig auf der Suche bleibt und in dem »Dazwischen« seinen Platz findet. Dann wird sie im eigentlichen Sinne »wunderbar« und so vielleicht im allerschönsten Sinne geheimnisvoll.
Diese Kraft gibt unserem Leben durch die Notwendigkeit der Liebe, für die wir uns dennoch immer wieder aufs Neue entscheiden, einen »Sinn«, den wir leben lernen können – mit oder ohne Partner. Wir erleben etwas als sinnvoll,

wenn wir spüren, dass sich durch eine besondere Form der Resonanz ein Zusammenhang eröffnet, sich Beziehungen knüpfen und echte Verbindungen entstehen.
Diese Sinnstiftung eröffnen nicht nur andere Menschen, sondern auch Dinge, Tätigkeiten, Orte oder besondere Erlebnisse, Phänomene, die wir nicht mit aller Leidenschaft lieben müssen, die wir aber vielleicht liebevoll betrachten und als Bereicherung erleben.
Ein solches Empfinden, Erleben und Stiften von Sinn hilft uns auch dabei, uns in Zeiten von Enttäuschungen und Anstrengung (auch in der Liebe) auf das zu besinnen, was uns ausmacht. Es unterstützt und begleitet uns dabei, mit Friedrich Nietzsche immer wieder lernen zu können, die zu werden, die wir sind: schöpferische, kreative und lebendige Wesen, die keinen Grund, keine wissenschaftliche Erklärung für das brauchen, was sie sind, oder dafür, wen sie lieben, die sich aber sicher sein müssen, dass es einen Wert hat, an die Liebe zu glauben.

Was tun Sie für die Liebe? Jeden Tag, regelmäßig oder hin und wieder? Welche Handlungen zerstören die Liebe? Kann man etwas dafür tun, um eine Liebe wieder zum Leben zu erwecken?

i love you

Liebe ist – ein modernes Versprechen

»(…) nur wer ganz er selbst bleibt, eignet sich auf die Dauer dazu, geliebt zu werden, weil nur er in seiner lebendigen Fülle dem anderen das Leben symbolisieren, nur er als eine Macht desselben empfunden werden kann.«

Lou Andreas-Salomé

In guten wie in schlechten Zeiten – damit sagen wir eine Verbindlichkeit für die Zukunft zu, von der ungewiss ist, ob wir sie einhalten können. In der anderen Richtung begegnen wir der Unvollkommenheit der Vergangenheit und Gegenwart durch die Gabe des Verzeihens. Uns zu verzeihen, dass wir nicht perfekt sind, und uns zu versprechen, dass wir uns gerade deswegen um die Liebe kümmern, sind Voraussetzungen für jede gelingende moderne Liebe.

Wenn es etwas gibt, was wir heute in unserer modernen Welt für uns in Sachen Liebe beanspruchen wollen, dann ist es das Recht auf die Freiheit, das eigene Leben selbst gestalten zu können, sich entfalten und frei entscheiden zu können. Das bedeutet unter anderem: keine arrangierten Liebesheiraten, kein Zwang, in unglücklichen Partnerschaften bleiben zu müssen, keine Notwendigkeit, sich aus finanzieller Abhängigkeit an einen Partner zu binden. Wir können und wir müssen wählen. In dieser Welt der scheinbar unbegrenzten Möglichkeiten gehen wir mit der Qualität der »Freiheit«, die auch die Liebe für sich zu beanspruchen scheint, ständig um. Wir feiern sie als Geschenk. Viele alte Vorgaben und kulturelle Rahmenbedingungen haben sich aufgelöst und wir leben in dem Bewusstsein, dass das, was wir leben, auch immer anders sein oder werden könnte. Ähnlich wie der Philosoph Martin Heidegger das menschliche Dasein ohnehin in seinem ureigensten Sinne als reine »Möglichkeit« ansieht, das sich in einem ewigen Werden immer mal wieder als Wirklichkeit zeigt.

Wie aber können wir in diesem Modus des freien Spiels der Möglichkeiten eine Liebe finden, die uns nicht nur als flüchtige Begegnung erscheint, sondern auch Verbindlichkeit und

Geborgenheit schaffen kann? Wie also passt unser freiheitsliebender Geist letztlich mit der Idee zusammen, dass wir uns für die Liebe entscheiden, dass wir uns in all unserer Freiheit eben doch festlegen müssen, wenn wir es mit der Liebe ernst meinen?

Überlegen Sie, welche Freiheiten in der Liebe selbstverständlich, erlaubt oder untersagt sein sollten – und warum.

Wieder erfahren wir hier die Polarität der Liebe: das Wagnis der reinen Möglichkeit auf der einen Seite und die Suche nach Sicherheit auf der anderen. Beide Seiten haben ihre Berechtigung und halten sich im besten Fall sogar in einem halbwegs stabilen Gleichgewicht, auch wenn wir eher das Gefühl haben, von einem Extrem ins andere zu taumeln. Eben noch der »Flow« der großen Gefühle und im nächsten Moment der »Boden der harten Tatsachen«.
Was ist nun aber was? Genau das gilt es zu überprüfen, zu überlegen und zu besprechen, wie es der Dichter Rainer Maria Rilke etwas melancholisch zusammenfasst: »Darin besteht die Liebe: Dass sich zwei Einsame beschützen und berühren und miteinander reden.«

Aber diese Einsamkeit muss keine zu überwindende Schwere bedeuten, sondern kann vielmehr und im Sinne der zwei Singulare, die sich auf die »Bühne der Zwei« trauen, ein besonderes Miteinander begründen.
Ein Miteinander, das ausreichend Platz und Raum gewährt, in dem jeder sein Selbst (als das eines Konzepts, das wir ebenfalls ständig mit- und umgestalten) kennt und auch behalten darf. Die Liebe ist in diesem Sinne weitaus viel mehr als eine reine Gefühlsbekundung. Sie ist gleichzeitig eine Hoffnung und ein Versprechen, mit dem Partner oder dem geliebten Menschen gemeinsam die eigene Lebensgeschichte zu schreiben – und dafür jeden Tag aufs Neue Erlebnisse und Erfahrungen zu sammeln, die Teil dieser Geschichte werden sollen.

ERWARTUNGEN AN DIE LIEBE

Diese »Narration« der Liebe als ihre ganz eigene Geschichte kann nur gelingen, wenn wir den Rahmen für das, was die Liebe »sein darf«, weiter spannen, ohne aber dabei auf einen Rahmen zu verzichten. Wichtiger ist, sich dieses Rahmens weiterhin zu vergewissern, neugierig und offen zu bleiben, verstehen zu wollen, wo der andere steht und warum – und die Dinge nicht immer persönlich zu nehmen.

Was erwarten Sie in der Liebe?
Von sich und von Ihrem Partner?

Ein vielleicht seltsamer Rat in der Liebe, sie selbst und ihre Auswirkungen nicht so persönlich zu nehmen, denn gibt es etwas Persönlicheres als die Liebe zu einem anderen Menschen? Vielleicht tatsächlich nicht, das heißt aber nicht, dass jede Äußerung des geliebten Menschen an mich gerichtet sein muss oder etwas mit mir beziehungsweise meinen Erwartungen und Vorstellungen zu tun hat. In diesem Irrglauben haben sich schon viele Beziehungen verfangen. Auch der Gegenwartsphilosoph Alain de Botton ist sicher, dass sich Paare gegenwärtig oft zu schnell trennen, zum Teil nur wegen der kleinsten Abweichungen von den eigenen Erwartungen. Hier ist der Rahmen, den die Liebe dringend zum Wachsen und Atmen braucht, offenbar zu eng gespannt, was kaum Spielraum lässt, um dem anderen auch Raum für unfaire Momente oder einfach schlechte Laune zu lassen. Aber genau das sind doch die Momente, so

Denken Sie kurz nach:
Gab es in Ihrer Partnerschaft Momente dieses »wirklichen Kennenlernens«?
Und waren Sie da schlecht gelaunt oder Ihr Partner?

Botton, in denen sich Differenzen und »Unerwartetes« zeigen, in denen es erst möglich wird, »sich gegenseitig wirklich kennenzulernen«. Nicht immer haben diese eigenartigen Ausdrücke und Ausbrüche etwas mit der empfundenen Liebe zu tun, sondern brauchen vielmehr diese Liebe, um zur Ruhe kommen zu können. Liebe ist doch, so Botton, vor allem: vergeben, großzügig sein, sich in den Partner hineinversetzen. Was daraus entsteht, ist vielleicht nicht immer ein Verständnis für das, was der andere tut, aber ein Verständnis für die Gründe (die nicht meine sein müssen), die zu so manchen Handlungen, Stimmungen oder Bemerkungen führen. Fragen Sie sich einfach selbst: Ist Ihr Partner heute Abend schlecht gelaunt, weil er sich fragt, ob es eine gute Idee war, Sie vor zwei Wochen oder 20 Jahren zu heiraten? Vermutlich eher nicht. Vielleicht einfach nur, weil er oder sie das Konzept ein weiteres Mal überarbeiten muss, das schon gestern hätte fertig sein müssen? Wie geht es von dort aus weiter? Vorwürfe helfen weder Ihnen noch Ihrem Partner. Herauszufinden, worum es geht, hingegen schon, und zwar in der Frage, woher die schlechte Laune rührt und warum Sie das gerade so wütend macht. Die Gründe herauszufinden, warum etwas oder jemand, den wir lieben, so oder so ist (und das unabhängig von dem, was wir erwarten), hilft sehr dabei, vieles von dem, was in einer Liebesbeziehung auf der Tagesordnung steht, weniger persönlich zu nehmen beziehungsweise herauszufinden, was an der Situation das eigentlich Persönliche ausmacht.

Eine Freundin hat mir einmal gesagt, dass es in einem Streit nicht nur wichtig sei, sich zu fragen, worüber, sondern auch, warum man sich streitet. Weil man sich liebt oder weil man sich nicht mehr liebt? Eine interessante Frage.

Vermisse ich den anderen und ärgere mich deshalb über die Überstunden im Büro oder kann ich es einfach nicht mehr ertragen, dass er es nie schafft, seinen Kram pünktlich abzuliefern?

Ist also genau das, was die Liebe und ihre Praxis am Ende immer wieder brauchen, ein gewisses Maß an Sachlichkeit, Besinnung und Reflexion, um diese Zusammenhänge sehen zu lernen? Und nicht – wie erwartet – mehr Leidenschaft, impulsiven Rausch, Sinnlichkeit und Abenteuer?

Überlegen Sie, ob Sie sich an einen Streit erinnern, den Sie aus Liebe vom Zaun gebrochen haben, und an einen, der aus einem Mangel an Liebe entstanden ist.
Worin lag der Unterschied?
Und wie sah das bei Ihrem Partner aus?

Schwer zu sagen. In jedem Fall wird es der Sinnlichkeit und Leidenschaft allein nicht gelingen, eine jahrzehntelange Partnerschaft oder Ehe auf die Beine zu stellen und über die Zeit bestehen zu lassen. Nicht, weil eine solche Beziehung eine sachliche Angelegenheit wäre, sondern weil sie zu anspruchsvoll ist, um sich ohne geistiges Innehalten zu dem zu entwickeln, was eine Partnerschaft überhaupt an unterschiedlichen Facetten zu bieten hat.

Welche Ziele Sie auf dieser Reise ansteuern, bleibt Ihnen überlassen, aber finden Sie heraus, welche Ziele Sie sich vorstellen können.

Es muss keine ewige Ehe sein, aber seiner Zeit angemessen war der dänische Philosoph Sören Kierkegaard überzeugt, dass die Ehe die »wichtigste Entdeckungsreise« sei, »die der Mensch unternehmen kann«.

Eine Entdeckungsreise, die uns einen anderen Menschen eröffnet, aber auch uns selbst, in unseren Erwartungshaltungen an das, was wir von der Liebe wollen und bereit sind, selbst für sie zu tun. In all ihrer Unvollkommenheit und verknüpft mit der Bereitschaft, den immer wie-

derkehrenden Ausdruck dieser Unvollkommenheit auszuhalten und zu verzeihen.
Dieses Pendeln zwischen der Akzeptanz der Unvollkommenheit und dem Streben nach einem vollkommenen Gleichgewicht macht allein die Liebe möglich – und umgekehrt.

LIEBE MUSS VERZEIHEN KÖNNEN – UND AUS LIEBE KÖNNEN WIR VERZEIHEN

Schon der römische Philosoph Seneca, der um die Jahrtausendwende herum lebte, war sich bereits sicher: »Wer nicht lieben kann, kann nicht verzeihen.« Aber kann auch nur der lieben, der in der Lage ist zu verzeihen? Was bedeutet es zu verzeihen? Und was sollten wir einem Menschen verzeihen, den wir lieben, was aber vielleicht auch gerade nicht?
Die Philosophin Hannah Arendt näherte sich dieser Frage, indem sie nur das als »verzeihlich« beschrieb, was man auch bestrafen könne. Das »Unverzeihliche« hingegen sei eine Kategorie, die jede Form von Strafe übersteige und damit eine eigene Kategorie beanspruche. Dabei ging es ihr allerdings weniger um »Liebesverrat«, sondern um den Umgang mit dem Bösen, das zugegebenermaßen auch in manch dunklen Momenten Teil einer Liebesbeziehung sein kann. Arendt stellt die grundsätzliche Überlegung

auf den Prüfstand, wie eine »Bestrafung« nach einer Verfehlungen die Dinge wieder ins Gleichgewicht rücken kann. Das mag bei rechtlichen Straftatbeständen funktionieren, in der Liebe klingt es eher seltsam. Vielleicht verhält es sich aber auch so, wie es Jacques Derrida versteht, dass gerade das, was wir nicht bestrafen können, durch die Kraft des Verzeihens erträglich gemacht werden könne. Ein Gedanke, der besser für unsere moderne Liebespraxis passen könnte, aber nicht dazu anregen sollte, das »Verzeihen« mit »Vergessen« gleichzusetzen.

Was aber genau ist es, was wir in der Liebe »verzeihen« oder »vergeben« müssten? Es klingt, als wäre die Liebe beständig von Fehlschlägen, Verrat oder Enttäuschung bedroht, an denen wir unsere Fähigkeiten des Verzeihens üben müssten. Auch wenn es überspitzt oder extrem klingen mag, so ist an diesem Gedanken doch etwas dran. Denn wenn die Liebe nichts ist, auf das wir uns verlassen, das garantiert oder reproduziert werden kann, dann unterliegt sie der beständigen Gefahr zu verschwinden, zu Ende oder verloren zu gehen. Liebe ist vergänglich. Das kann unterschiedlichste Gründe haben. Einige dieser Gründe haben ihre Ursache weniger in der Qualität der Liebe selbst, sondern in der Art und Weise, wie wir wollen, dass sie ist und am besten bleibt. An diesem Punkt setzt die Kraft des Verzeihens an, denn eben an diesem Punkt erleben wir die Abweichung der Liebe von unserem Ideal als Unvollkommenheit.

Haben Sie schon einmal aus Liebe verziehen? Was genau mussten Sie tun, um verzeihen zu können und: War es die richtige Entscheidung?

Das, was wir tun, wenn wir verzeihen, ist immer dasselbe, auch wenn die Situation einzigartig ist. Es geht im Verzeihen darum, die grundsätzlich menschliche Eigenart der »Verletzlichkeit« anzuerkennen – die eigene ebenso wie die der Menschen, die ich liebe.

Ich verzeihe einem Menschen das, was er getan hat, aber auch – und das ist noch viel wesentlicher – die Tatsache, dass er mich dadurch verletzt hat. Dabei kann es um eine ganz grundsätzliche Einsicht gehen, meist aber ist es eine konkret empfundene Verletzung oder Beschädigung, die wir als unwiderruflichen Teil des Lebens anzuerkennen lernen, um sie so auch als Fragment unserer eigenen Erfahrungswelt anzunehmen. Auch durch das Verzeihen können wir diese »Verletzung« nicht rückgängig machen, aber wir entscheiden durch die Fähigkeit des Verzeihens, ob wir mit einer Wunde oder einer

Narbe durchs Leben gehen wollen. Nur auf diesem Weg erobern wir uns die Kraft zurück, vom Verletzten, vom Opfer zum Handelnden zu werden, und nehmen der Tat ihre Macht, indem sie nicht weiter unser gesamtes Leben überschatten und bestimmen darf.

Wenn wir also verzeihen oder vergeben, dann geben wir etwas her oder auf, und zwar eine bestimmte Haltung oder Vorstellung davon, wie die Dinge zu sein haben. Das, was wir hergeben, ist der Anspruch auf eine Behandlung von anderen Menschen, die uns das Verletztwerden, das Schmerzhafte erspart. Die Akzeptanz der eigenen Verletzlichkeit ist ein sehr viel größerer Schritt in jeder liebevollen menschlichen Beziehung, als es auf den ersten Blick erscheinen mag. Sie eröffnet uns einen Blick auf die Unvollkommenheit jeder Form menschlichen Miteinanders und macht es möglich, sich auch in der eigenen Verletzung nicht über den anderen zu erheben. Trotzdem bedeutet diese Form der Vergebung kein Vergessen, sondern die Voraussetzung dafür, dass eine Wunde heilen kann und neben dem Vorwurf auch ein liebevoller Blick wieder Raum haben kann. Ohne einen liebevollen und wohlwollenden Blick auf das, was gerade trotz aller Unvollkommenheit an Gutem möglich sein kann, können wir diesen Schritt nicht gehen.

Verzeihen zu können, ist also in diesem Sinne die einzige Möglichkeit, sich mit der Polarität des Lebendigen auszusöhnen. Es ist alles andere als eine überlegene Geste oder irgendeine Methode gelingender Selbsttherapie. Verzeihen zu können, bedeutet einen Akt der Stärke und Freiheit, indem ich das mir Unverständliche anzunehmen lerne, ohne mich über mein Gegenüber zu erheben. Mit den Worten des Jenaer Philosophen Michael Kodalle liegt im Verzeihen eine Einsicht, die sich auf jede Form des menschlichen Miteinanders erstreckt, die Erkenntnis und das Wissen, dass »ich nicht besser bin als Du«.
Das alles klingt einleuchtend und nicht schwer nachzuvollziehen. Warum aber gelingt es uns dann trotzdem oft nicht, wirklich und wahrhaftig zu verzeihen?

Fällt es Ihnen schwer, jemandem zu verzeihen?
Was hindert Sie?

Warum haben wir oft eher ein Empfinden von Schwäche, wenn jemand anderes ein angetanes Unrecht zu verzeihen bereit und imstande ist? Die zeitgenössische Philosophin Heidemarie Bennent-Vahle ist überzeugt, dass es die oft sehr persönliche Verstrickung, die schwierige Auseinandersetzung mit dem eigenen fehlerhaften

und »schuldigen« Ego ist, die uns von der Praxis des Verzeihens abhält. Um wirklich verzeihen zu können, kommt es in sehr vielen Fällen deutlich weniger auf die Tat eines anderen an, sondern auf die eigene Fähigkeit, sich zu dieser Tat in ein Verhältnis zu setzen. So kommt Bennent-Vahle zu dem wichtigen Schluss, dass die Frage, ob ein Mensch verzeihen kann, »nicht ausschließlich von der Schwere des Vergehens ab(hängt), sondern ebenso von der Frage, wie weit er es verkraftet, auch sein Ego auf den Prüfstand gestellt zu sehen beziehungsweise dies selbst zu tun.«
Diese Fähigkeit, das eigene Ego nicht nur hegen und pflegen, annehmen und kennenlernen zu wollen, sondern es ebenso kritisch auf den Prüfstand zu stellen, ohne es optimieren zu müssen, ist dabei nicht nur die Voraussetzung für das Verzeihen, sondern auch dafür, ein liebenswerter Mensch zu sein. Ein Mensch, der die Fähigkeit hat, diese Liebe auch weiterzugeben.
An dieser Stelle kommt dem Verzeihen mit Blick auf Erfahrungen und Erlebnisse der Vergangenheit eine ähnliche Bedeutung zu wie eine andere menschliche Fähigkeit, die ihren Blick viel stärker in eine hoffnungsvolle Zukunft richtet: das Versprechen. Die Fähigkeit, einem anderen Menschen ein Versprechen geben zu können, ist eigentlich überaus seltsam. Denn wie können

wir in eine ungewisse Zukunft hinein etwas zusichern, von dem wir noch nicht einmal wissen, in welcher Form es uns vor welche Aufgaben stellt? Wie kann ich einem Menschen versprechen, ihn zu lieben – in guten wie in schlechten Zeiten? Schauen wir genauer hin, so ist ein Versprechen ein Zeichen für die Ernsthaftigkeit, mit der wir versuchen, dem Unvorhersagbaren zu begegnen.

LIEBE IST ALSO DOCH »PERSÖNLICH«

Auch wenn wir nicht wissen können, was kommt, können wir die Art und Weise, wie wir uns zu dem, was kommt, in Beziehung setzen, durchaus beeinflussen – weil wir vernunftbegabte, eigenständig handelnde Wesen sind. Nur als solche können wir in einer komplexen Welt für Orientierung sorgen, Verbindlichkeit und Stabilität schaffen und uns gegenseitig Halt geben. Genau das macht die Liebe wieder überaus »persönlich«. Zentral aber bleibt, dass auch einem noch so gewissenhaften Versprechen immer die Möglichkeit des Scheiterns und der Veränderung innewohnt. Damit bleibt es an die Fähigkeit meines Gegenübers gebunden, ebendiese Unwägbarkeiten verzeihen zu können. Damit wird sowohl das Versprechen wie auch das Verzeihen zu einer unverzichtbaren Praxis einer jeden Liebesbeziehung, die die Vergangen-

heit als Teil ihrer eigenen Gegenwart annimmt und sich auf eine offene Zukunft gerichtet in dieser Gegenwart einzurichten versteht.
Das klingt abstrakter, als es ist. Wir gehen damit jeden Tag ganz selbstverständlich um, wenn wir jedes Versprechen, jede Vereinbarung in einen Kontext setzen. Wenn Jan verspricht, am Wochenende den Einkauf zu übernehmen, wird Paula verstehen, dass das nicht klappt, wenn Jan sich am Freitag den Knöchel bricht. Wenn er aber am Freitag mit seinen Jungs um die Häuser zieht und darum am Samstag nicht aus dem Bett kommt, sieht die Sache bestimmt anders aus.
Im ersten Fall gibt es nicht einmal etwas zu verzeihen, im zweiten Fall liegt es an Paula, ob sie dazu bereit ist. Vielleicht ist Jans bester Kumpel am Donnerstag Vater geworden und sie kann die spontane Sause ziemlich gut verstehen. Vielleicht aber auch nicht.

Wie würden Sie sich entscheiden?

Damit eröffnet die Liebe einen Zwischenraum, den Liebende immer wieder aufs Neue füllen. Wir entscheiden ein Stück weit, ob das, was wir an Erwartungen mit uns herumtragen, darin überhaupt eine Rolle spielt. Ähnlich wie es die Philosophin Rebekka Reinhard sehr schön auf den Punkt bringt: »Ob die romantische Liebe dann auf Dauer gelingt, ist weder eine Frage der Wissenschaft noch der Intensität des gegenseitigen Begehrens, sondern eine Frage der philosophischen Neugier. Der Neugier, herausfinden zu wollen, was Liebe eigentlich ist. (…) Es liegt an uns, was wir aus ihr machen. Eine Lebensform – oder ein Desaster.«

Entscheidend ist der Zusammenhang und damit der Kontext, in dem wir uns oder der Welt die Liebe erklären. Das, was wir für erstrebenswert halten, was wir ermöglichen oder in keinem Fall aushalten wollen. Die Liebe wird in diesem Zusammenhang zu einem wohlwollenden Versprechen an die Zukunft, voller Zuversicht, dass sie in der Lage ist, für Bedeutsamkeit zu sorgen. Nicht mehr, aber auch nicht weniger. Denn das heißt nicht, dass das auch immer gelingt.

Dies lässt uns darauf hoffen, dass die Liebe eine Kraft ist, die über uns hinaus Bestand hat. Eine Kraft, der wir mithilfe »philosophischer Neugier« auf die Spur kommen können, ohne sie entschlüsseln zu müssen. Eindeutig ist in all dieser möglichen Vielfalt, dass wir lieben können. Damit tun wir nichts Geringeres, als der Welt auf diese schöne Weise Bedeutung zu verleihen – schlicht, indem wir sie lieben oder zumindest das eine oder den anderen in dieser Welt.

Was lässt die Liebe gelingen?

»Bald wirst Du jetzt zweiundachtzig sein. Du bist um sechs Zentimeter kleiner geworden, Du wiegst nur noch fünfundvierzig Kilo, und immer noch bist Du schön, graziös und begehrenswert. Seit achtundfünfzig Jahren leben wir nun zusammen und ich liebe Dich mehr denn je.«

André Gorz

Niemand kann die Liebe zum Bleiben zwingen, aber wir können einiges tun, dass sie lebendig bleibt. Aufmerksamkeit, Interesse, Geduld und Humor sind wichtige Säulen für jede Liebe. Gleichzeitig gibt es Dinge, die wir vermeiden können, um die Liebe nicht zu zerstören oder zu verraten. All dies lässt sich nicht als »Programm« formulieren, sondern eher als eine Einladung, immer wieder neu zu überprüfen, in welches Gesicht der Liebe Sie gerade blicken.

Was also ist es, was die Liebe vor dem Hintergrund all dessen, was wir gehört und gelesen und bedacht haben, gelingen lässt? Auch am Ende dieser Gedanken bleibt die Liebe ein Geheimnis, dem wir uns aber immerhin ein wenig annähern konnten. Allerdings ein Geheimnis, das wir mit dem Kulturphilosophen Georg Simmel eher als »menschliche Errungenschaft« und weniger als Problem oder zu lösendes Rätsel ansehen sollten. Allein dieser Gedanke hilft, hin und wieder zu lieben, auch und gerade, weil wir nicht immer alles verstehen. Dennoch gibt es einige Verhaltensweisen, die der Liebe guttun und die uns dabei helfen können, dass sie sich verändert, wandelt und entwickelt, ohne zu verschwinden. Liebe zeigt sich hier als zweierlei: als ein Raum, der sich uns eröffnet, und als ein lebendiges Band, das zwischen Menschen oder auch Dingen besteht und wirksam wird, um diesen Raum gestalten zu können. Ein Ereignis und eine Praxis.

Jede Liebesbeziehung zwingt, ermuntert oder spornt uns an, aus uns selbst heraus auf die »Bühne der Zwei« (mindestens) zu treten. Auf dieser Bühne lassen sich viele Möglichkeiten inszenieren, ausprobieren, darstellen oder präsentieren. Wichtig ist allein, dass wir die Rollen, die wir dort einnehmen, nicht nur spielen, sondern verkörpern. Erinnern wir uns an die Idee, dass wir die Liebe auch ein Stück weit selbst erfinden, können wir sie wie den Anfang einer Geschichte denken, unserer eigenen Liebesgeschichte. Allerdings wird die »Bühne der Zwei« es nicht zulassen, dass wir uns als das inszenieren, was wir gern wären, sondern es wird vielmehr das zum Vorschein kommen, was wir sind – und was für uns von Bedeutung ist und was nicht. Wie also gestalten wir dieses »Stück« unserer eigenen Liebe, in dem wir keine Rolle, sondern uns selbst spielen?

JEDE LIEBE HAT IHRE EIGENE GESCHICHTE

Gelingende Liebesgeschichten brauchen neben dem Gefühl, der Sinnlichkeit und Leidenschaft einige wesentliche Fähigkeiten der Protagonisten, damit das Feuer nicht erlischt beziehungsweise die Liebe lebendig bleiben und atmen kann. Das sind Beachtung beziehungsweise Aufmerksamkeit, Interesse und Geduld, ergänzt durch eine gute Portion Humor.
Die Kunst, sich immer wieder an diese tragenden Säulen zu erinnern, sich selbst dazu zu bringen, den anderen auf diese Weise neu verstehen zu lernen und es umgekehrt einzufordern, schafft Räume. In ihnen kann die Liebe das wer-

den, wofür wir sie halten, und können wir ihr lächelnd verzeihen, wenn es mal danebengeht. Es geht also darum, in der Liebe ein Gleichgewicht zu schaffen und zu halten, das wir ihrem inneren polaren Wesen entgegensetzen können.

Wenn Ihr Liebesleben eine Geschichte wäre – wäre sie eine Komödie, eine Familiensaga, eine Tragödie oder ein Drama mit plötzlichem Happy End? Und würde Ihr Partner die Geschichte ähnlich erzählen?

GEFAHREN FÜR DIE LIEBE

Das klingt nun alles ganz wunderbar und wahrscheinlich werden Sie nichts dagegen einzuwenden haben, ein Gleichgewicht schaffen zu wollen, um die Liebe gelingen zu lassen. Aber es scheint doch einiges zu geben, was uns immer wieder aus dem Gleichgewicht bringt.
Was tun wir dann?
Zunächst gelten dieselben Spielregeln wie bei der positiven Suche nach den richtigen Bedingungen. Halten Sie inne und überprüfen Sie, was gerade stattfindet. Zwischen Ihnen und Ihrem Partner, vielleicht aber auch in Ihrem Alltag oder Ihren ganz persönlichen inneren Kämpfen. Wichtig an dieser Überprüfung ist auch hier zu

klären, welche Rolle für die gefühlte Not oder Sorge eigentlich wem zukommt. Um wen geht es bei diesem Punkt wirklich und warum?
Diese Frage ist so allgemein wie existenziell. Um sie beantworten zu können, braucht es ein Grundmaß an Wertschätzung und Achtung, die ich meinem Gegenüber entgegenbringe, auch wenn es vielleicht schwerfällt. Kritik, die aus »Geringschätzung« oder gar »Verachtung« für den anderen entsteht, hat keine wirkliche Einigung zum Ziel, sondern mündet meist in einer reinen »Machtdemonstration«. Wer ist der oder die Stärkere? Wer gewinnt, wer hat recht? Aber: Warum ist das wichtig? Diese Frage sollte immer wieder am Ende solcher Konflikte stehen. Geht es darum, den anderen zu »besiegen«, oder

Der Wissenschaftsjournalist Bas Kast hat sich intensiv mit der Frage beschäftigt, was die Liebe gelingen lässt, und neben diesen Bedingungen fünf zentrale Begriffe ausgemacht, die er als die »5 apokalyptischen Reiter« beschreibt. Damit sind Verhaltensweisen und -muster gemeint, die das Ende einer Liebe erkennen lassen oder es zumindest sehr wahrscheinlich machen.
Diese Verhaltensweisen fasst er unter die Überschriften: »Kritik«, »Verteidigung«, »Verachtung«, »Rückzug« und »Machtdemonstration«.

darum, sich aus oder für die Liebe zu einer Einigung durchzuringen?

> Welchen Wert hat es für Sie, »recht zu haben« oder zu »behalten«? Was geschieht, wenn Sie »recht bekommen«, und was, wenn nicht?

Gerade in alltäglichen Konfliktmomenten gibt es natürlich fließende Übergänge und Grauzonen, die es schwer machen, eindeutig zu klären, ob eine Kritik berechtigt oder konstruktiv ist. Ob der andere sich wirklich zurückzieht oder nur Zeit braucht, um sich zu besinnen. Diese »Grauzonen« auszuloten und herauszufinden, ob darin ein grundlegendes Fundament bestehen bleibt, das die Liebe zum anderen nicht beschädigt, ist ein Wagnis, das auf der »Bühne der Zwei« stattfinden können muss. Findet der Konflikt statt, weil wir uns lieben oder weil wir uns nicht mehr lieben? Weil wir uns vermissen oder uns nicht mehr ertragen können? Diese Fragen sind oft schwerer zu stellen als zu beantworten und können doch oft genug deutlich machen, wie es um die eigene Liebe bestellt ist.
Eine letzte Form der Achtung und Anerkennung für den anderen muss gegeben bleiben, gerade wenn es darum geht, um eine Liebe zu kämpfen. Aber eben auch, um dafür zu sorgen, dass sie

nicht einschläft und sich langsam aus unserem Leben schleicht. Der Wissenschaftsjournalist Bas Kast macht diese Einsicht sehr schön an den Forschungen des Psychologen und Mathematikers John Gottmann fest. Gottmann hat in Seattle ein »Liebeslabor« begründet, in dem er unterschiedlichsten Ehen auf den Grund zu gehen versuchte. Dabei fragte der Wissenschaftler nach dem Schlüssel zum Glück langjähriger Beziehungen und wertete unzählige Videos aus, um die Meisterschaft einer gelungenen Ehe zu erkennen und herauszufinden, was den Umgang der Partner von denjenigen unterscheidet, deren Partnerschaft scheitert beziehungsweise zu Ende geht. Die ursprüngliche Annahme, dass es dabei hauptsächlich um »Offenheit« ging, stellte sich für Gottmann als Trugschluss heraus. Es war weniger entscheidend, dass die Partner sich öffneten, sondern »wie diese Menschen sich beachten, egal, worüber sie sprechen oder was sie tun«. Die Menschen, denen eine Ehe gelang, schenkten einander Beachtung. Selbst im Streit gaben sie diese Form der Achtung und Aufmerksamkeit für den anderen nicht auf. Die Kunst lag also nicht in der Vermeidung von Streit oder Konflikten oder einer möglichst harmonischen Übereinstimmung größtmöglicher Ähnlichkeiten, sondern in dem Maß an »Anstand« und

Aufmerksamkeit im Umgang mit dem anderen – ganz egal, unter welchen Umständen.
Dieses rechte »Maß« zu finden, ist die Aufgabe, vor die sich jede Liebe gestellt sieht und die jede Liebesbeziehung neu für sich ausmacht. Manche Liebe braucht mehr Luft zum Atmen als andere. Manche nährt sich durch die Kraft des Eigenen, das immer wieder belebt und die Neugierde ankurbelt. Manche braucht eher ein großes Maß an Gemeinsamkeit, um im und mit dem anderen das Eigene zu erleben. Das Einzige, was wir im Kampf gegen die apokalyptischen Reiter nicht verlieren dürfen, ist die Bereitschaft, uns wieder und wieder darüber klar zu werden und dafür unsere eigene Sprache zu entwickeln. Es geht also mit dem Philosophen Martin Buber darum: »im Gespräch zu bleiben«.

LIEBE HAT EINE EIGENE SPRACHE

Wenn wir also in dieses Gespräch einwilligen und unsere eigene Liebesgeschichte schreiben beziehungsweise erzählen, dann braucht es eine gemeinsame Sprache, die diese Geschichte für uns und den anderen verständlich macht. Diese Sprache hat möglicherweise ihre eigenen Begriffe und Worte, ihre eigenen zentralen Sätze und Bezeichnungen und in jedem Fall eine eigene Grammatik, die sich natürlich verändern kann. Aber jeder Sprache liegt die Voraussetzung zugrunde, dass sie bestimmten Vereinbarungen, Regeln und Normen folgt, damit sie nicht als »Privatsprache« (die es nach dem österreichischen Philosophen Ludwig Wittgenstein qua Definition von Sprache gar nicht geben kann) auf mich selbst zurückfällt.

Pflegen Sie bestimmte Gewohnheiten oder sogar Begriffe im Gespräch mit Ihrem Partner?

Gerade eine Sprache der Liebe kann sich nicht mit einem genervten Schulterzucken auf ein »so bin ich halt, weiß auch nicht, warum« zurückziehen, sondern ist dem anderen auf verantwortungsvolle Weise verpflichtet, sich verständlich zu machen. Das heißt nicht, dass das immer klappt und am Ende alles wieder gut ist. Aber es heißt, dass wir das, was wir tun und sagen, aus guten Gründen tun und sagen und nicht zufällig geschehen lassen oder dass uns unser Leben ohne unser Zutun passiert – auch wenn sich das, was wir tun, später als Fehler zu erkennen gibt. Auf all diesen Ebenen gilt es im Gespräch zu bleiben, in einem aufmerksamen Austausch, in dem auch die leidenschaftlichste Liebe zeigt, wie sehr sie selbst davon profitiert, wenn ihr der Geist der Freundschaft zur Seite steht. Er ist

mitunter besser in der Lage, sich einer eigenen Sprache zu vergewissern und zu bedienen. Beide Seiten helfen, die eigene Sprache für die Liebe zu finden: in Worten, Symbolen, Zeremonien und Ritualen, die nur dazu da sind, der Liebe Platz und Raum zu geben. Einen Ausdruck, der vielleicht nur dann lebendig wird, wenn man endlich mal wieder in das kleine Restaurant am See fährt, wo man früher immer so gern gegessen hat. Oder wenn Sie sich die Zeit nehmen, den Lieblingsfilm Ihrer Frau zum x-ten Mal mit ihr anzusehen, einfach weil der Regisseur gerade gestorben ist. Wenn Sie sich aufraffen, das neue Buch in der Buchhandlung für ihn abzuholen, oder im Winter Gemüsesuppe kochen, auch wenn Sie lieber etwas anderes essen würden.
All dies sind »Ausdrücke«, die eine Sprache der Liebe braucht. Symbole, die sich schon in den Ringen zeigen, die wir uns an den Finger stecken. Kreisläufe, die nicht an ein Ende kommen wollen. Zum Glück!
In diesen Kreisläufen können sich unterschiedlichste »Fließgleichgewichte« einpendeln, die das Zeug haben, die Liebe wieder und wieder gelingen zu lassen – immer wieder im Gespräch mit dem anderen. Dieser Gesprächsfaden darf nicht abreißen. Manche Liebesgeschichten zeigen, dass es viele Möglichkeiten gibt, dass und wie ein

solches Band reißen kann, der andere nicht mehr als Gegenüber in der Welt ist und die eigene Liebe keinen Ansprechpartner mehr findet. Jede Liebe trägt die Möglichkeit in sich, dass sie endet – ob wir wollen oder nicht. Auch diese Möglichkeit in die Gespräche aufzunehmen, hilft bei der Überlegung, welche Rolle die Liebe in unserem

Finden Sie Begriffe, Sätze, Erlebnisse und Geschichten heraus, in denen Sie von der Liebe erzählen. Überprüfen Sie im Gespräch: Ergibt sich daraus eine Liebesgeschichte? Oder mehrere? Und was möchten Sie noch hinzufügen?

Leben spielen soll, als Wert, als Praxis, als Entscheidung, Notwendigkeit oder Gefühl.

Eine der endgültigsten Möglichkeiten, die auf uns alle wartet, ist der Tod. Aber gerade diese Möglichkeit macht die Kraft der Liebe vielleicht am deutlichsten und in manchen Geschichten ist sie stärker als in anderen.

Manche Menschen wählen den Tod, weil sie sich ein Leben ohne die Liebe des anderen nicht vorstellen wollen, so wie der Philosoph André Gorz, der sich gemeinsam mit seiner schwerkranken Frau Dorine das Leben nahm, weil es für ihn ohne sie ohnehin zu Ende gewesen wäre.

Andere Menschen treffen diese Entscheidung nicht und gehen dennoch gemeinsam. So starb im britischen Leicester Wilf Russell im hohen Alter von 93 Jahren in einem Pflegeheim, am 17. April 2017 morgens um 6:50 Uhr. Seine 91-jährige Frau Vera lag etwa drei Meilen entfernt in einem Krankenhaus, wo sie sich von einer Operation erholte. So früh am Morgen hatte sie die Nachricht vom Tod ihres Mannes noch nicht erreicht. Aber nur fünf Minuten später – um 6:55 Uhr – folgte sie ihm leise nach. Nach 71 Jahren Ehe.
Keine Liebesgeschichte bekommt allein durch ihre Dauer einen Wert. Aber wenn die Liebe in ihrer Dauer wieder und wieder zum Ausdruck kommt, es uns gelingt, unsere Sprache zu finden und der Welt oder einem anderen Menschen unsere Liebe zu erklären, dann liegt viel daran, ob wir in der Lage sind, uns immer wieder für die Liebe entscheiden zu können. Für die Liebe als »absolutes Bewusstsein« oder »grundlose Wirklichkeit«, als Kraft oder Glaube oder als was auch immer wir ihr als Phänomen Bedeutung zusprechen wollen und als Entscheidung und Bekenntnis zu einem Menschen, den wir nicht nur lieben können, sondern auch lieben wollen. Jeden Tag aufs Neue. Dabei ist es eine große Hilfe, die Liebe in all ihren Facetten sehen und

denken zu lernen, um sich für eine von ihnen entscheiden zu können. Unser Ideal der »Liebe« reduziert sie oft auf fast klischeehafte Weise, paradoxerweise gerade indem wir sie in den Himmel heben. Sobald wir sie aber auch in unserem Alltag als das zu sehen lernen, als was sie sich zeigt, fällt vieles leichter. Das, was wir jeden Tag sehen, verändert sich durch die Liebe. Sie »färbt«, wie Niklas Luhmann sagt, unser Erleben – schon allein dadurch, dass wir uns entschließen, ihr den Raum dafür zu geben.

John Keats (1795-1821)Britischer Lyriker der Romantik, verliebte sich zwei Jahre vor seinem Tod in dem Wissen, schwer an Tuberkulose erkrankt zu sein, in Fanny Brawne. Sie schrieb ihm täglich einen Gutenachtgruß, den er unter sein Kopfkissen legte.
Ihre letzten Briefe erreichten ihn in Italien und er nahm sie ungeöffnet mit ins Grab.
»Meine Liebste, ich habe Angst davor, Dich zu sehen, ich bin stark, aber nicht stark genug, Dich zu sehen. Werde ich je wieder meinen Arm um Dich legen? Und wenn ja, werde ich gezwungen sein, mich wieder von Dir zu verabschieden? Meine Liebe! (…) Lass mich nur Gewissheit haben, dass Du mit Herz und Seele mir gehörst, und ich könnte glücklicher sterben als ich andernfalls leben könnte.«

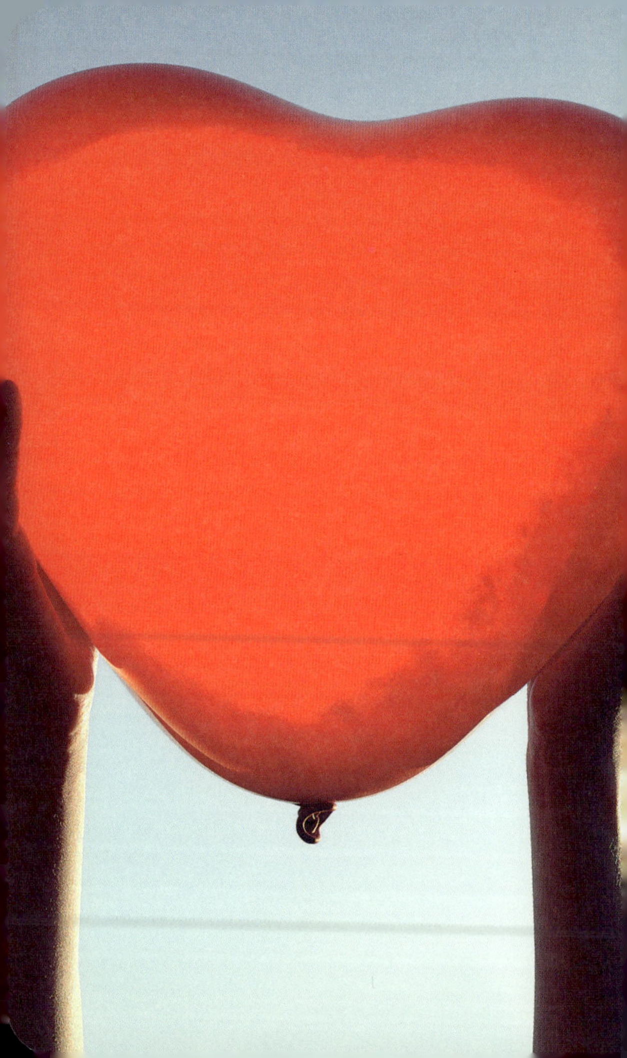

Was am Ende bleibt

Liebe berauscht, sagt man.
Liebe ernüchtert, sagt man.
Liebe lässt klar sehen, sagt man.
Liebe macht blind.
Liebe verdirbt.
Liebe veredelt.
Liebe stärkt.
Liebe schwächt.
Liebe bringt Pein
und Liebe bringt Glück.
Wo, wer ist jener Sagtman?
Liebe macht gar nichts, erwidere ich ihm.
Wir machen die Liebe zu dem,
was sie uns wird.

Gottfried Keller

Weitere Literatur

Im Folgenden sind einige Bücher aufgeführt, die sich auf sehr unterschiedliche Weise dem Phänomen der Liebe widmen. Sie erörtern die Liebe als philosophische Frage, als Kompetenz, sie berichten von ihrer eigenen Liebeserfahrung oder erörtern sie als Mittel der Kommunikation. Die Liebe wird von Biologen, Soziologen, Psychologen, Neurowissenschaftlern, Historikern, Literaten und Philosophen untersucht und von uns allen erlebt. Daher können diese Bücher selbstverständlich nur ein kurzer Eindruck von dem sein, was es über die Liebe zu sagen und lesen gibt. Aber ich denke, es findet sich darin sehr vieles, das den einen oder anderen Gedanken, dem Sie hier bereits begegnet sind, noch vertiefen oder weiterverfolgen kann.

Roland Barthes: Fragmente einer Sprache der Liebe, Suhrkamp, Frankfurt am Main 2005.

Ulrich Beck und Elisabeth Beck-Gernsheim: Das ganz normale Chaos der Liebe, Suhrkamp, Frankfurt am Main 1990.

Alain de Botton: Versuch über die Liebe, Fischer, Frankfurt am Main 1997.

Silvia Bovenschen: Sarahs Gesetz, Fischer, Frankfurt am Main 2015.

Silvia Bovenschen: Philosophie Magazin, 4/2017.

Harry G. Frankfurt: Gründe der Liebe, Suhrkamp, Frankfurt am Main 2005.

Nicolas Dierks: Luft nach oben. Philosophische Strategien für ein besseres Leben, Rowohlt, Reinbek 2017.

Erich Fromm: Die Kunst des Liebens. 59. Aufl., Ullstein, München 2001.

André Gorz: Brief an D.: Geschichte einer Liebe, Rotpunktverlag, Zürich 2007.

Axel Honneth und Beate Rössler: Von Person zu Person. Zur Moralität persönlicher Beziehungen, Suhrkamp, Frankfurt am Main 2008.

Eva Illouz: Warum Liebe weh tut, Suhrkamp Berlin, Berlin 2016.

Bas Kast: Liebe. Warum sie so schwierig ist und wie sie dennoch gelingt, Fischer, Frankfurt am Main 2011.

Niklas Luhmann: Liebe. Eine Übung, Suhrkamp, Frankfurt am Main 2008.

Platon, Das Gastmahl, Reclam, Ditzingen 1986.

Christoph Quarch: hin&weg. Verliebe Dich ins Leben, Kamphausen Verlag, Bielefeld 2011.

Max Scheler: Wesen und Formen der Sympathie, Bouvier, Bonn 1999.

Wilhelm Schmid: Die Liebe neu erfinden, Suhrkamp, Frankfurt am Main 2010.

Penguin Bloom: Der kleine Vogel, der unsere Familie rettete, Knaus, München 2017.

Die Autorin: Ina Schmidt ist Kulturwissenschaftlerin, freie Philosophin und Autorin. Sie hält Vorträge und gibt Seminare für Privatpersonen, Unternehmen oder Bildungseinrichtungen, um die Philosophie als eine besondere Form der Lebenspraxis zu vermitteln. Außerdem schreibt sie für unterschiedliche Magazine und arbeitet als Referentin, unter anderem für das Netzwerk Ethik heute und die brainery in Hamburg. www.denkraeume.net.

IMPRESSUM

Projektleitung: Simone Kohl und Birgit Reiter
Lektorat: Imke Sörensen
Umschlaggestaltung und Layout:
h3a GmbH, München
Bildnachweis: iStock: S. 3, 32, 69, 91, 140; Ina Schmidt: S. 4, 14, 52, 108, 126;
Illustrationen: iStock
Syndication:
www.seasons.agency
Herstellung:
Martina Koralewska
Satz: Reemers Publishing Service GmbH, Krefeld
Repro: Repro Ludwig, Zell am See
Printed in China
ISBN 978-3-8338-6382-0
1. Auflage 2018

Die GU-Homepage finden Sie unter www.gu.de

www.facebook.com/gu.verlag

GRÄFE UND UNZER

Ein Unternehmen der
GANSKE VERLAGSGRUPPE

QUALITÄTS GU GARANTIE

DIE GU-QUALITÄTS-GARANTIE

Wir möchten Ihnen mit den Informationen und Anregungen in diesem Buch das Leben erleichtern und Sie inspirieren, Neues auszuprobieren. Alle Informationen werden von unseren Autoren gewissenhaft erstellt und von unseren Redakteuren sorgfältig ausgewählt und mehrfach geprüft. Deshalb bieten wir Ihnen eine 100%ige Qualitätsgarantie. Sollten wir mit diesem Buch Ihre Erwartungen nicht erfüllen, lassen Sie es uns bitte wissen! Wir tauschen Ihr Buch jederzeit gegen ein gleichwertiges zum gleichen oder ähnlichen Thema um.
Wir freuen uns auf Ihre Rückmeldung, auf Lob, Kritik und Anregungen, damit wir für Sie immer besser werden können.

GRÄFE UND UNZER Verlag
Leserservice
Postfach 86 03 13
81630 München
E-Mail:
leserservice@graefe-und-unzer.de

Telefon: 00800 / 72 37 33 33*
Telefax: 00800 / 50 12 05 44*
Mo–Do: 9.00 – 17.00 Uhr
Fr: 9.00 – 16.00 Uhr
(gebührenfrei in D, A, CH)*

Ihr GRÄFE UND UNZER Verlag
Der erste Ratgeberverlag – seit 1722.

KGS